英华学者文库

译学偶得
—— 陈宏薇学术论文自选集

陈宏薇 著

中国教育出版传媒集团
出版资助项目

Gains in Translation Studies:
Selected Essays of Chen Hongwei

中国教育出版传媒集团
高等教育出版社·北京

内容简介

　　本书由作者陈宏薇教授自选 11 篇论文，分设在三个栏目中。论文涉及作者早年对单独开设汉译英课程的观点，对以人为中心的翻译教学思想的译介，用不同方法或视角进行的翻译批评、翻译家研究以及对翻译符号学途径的探索，反映了作者比较广泛的研究兴趣以及执着追求梦想的不懈努力。

英华学者文库

顾　问：胡壮麟　陆俭明　沈家煊

主　编：罗选民

副主编：黄国文　文秋芳　董洪川

编　委（以姓氏拼音为序）：

蔡基刚	陈　桦	陈　琳	邓联健	董燕萍
顾曰国	韩子满	何　伟	胡开宝	黄忠廉
李清平	李正栓	梁茂成	林克难	刘建达
刘正光	卢卫中	穆　雷	牛保义	彭宣维
尚　新	沈　园	束定芳	司显柱	孙有中
屠国元	王东风	王俊菊	王克非	王　蔷
王文斌	王　寅	文卫平	文　旭	肖　琼
辛　斌	严辰松	杨连瑞	杨文地	杨晓荣
俞理明	袁传有	查明建	张春柏	张　旭
张跃军	周领顺	庄智象		

总 序

29年前，在吕叔湘、柳无忌等前贤的关心和支持下，中国英汉语比较研究会获得民政部和教育部批准成立。经过几代人的不懈努力，如今，研究会规模不断扩大，旗下二级机构已达29家，其发展有生机勃勃之态势。研究会始终保持初心，秉持优良传统，不断创造和发展优良的研究会文化。这个研究会文化的基本内涵是：

崇尚与鼓励科学创新、刻苦钻研、严谨治学、实事求是、谦虚谨慎、相互切磋、取长补短，杜绝与反对急功近利、浮躁草率、粗制滥造、弄虚作假、骄傲自大、沽名钓誉、拉帮结派。

放眼当今外语界，学术研究唯数量、唯"名刊"、唯项目，这些犹如一座座大山，压得中青年学者透不过气来。学术有山头，却缺少学派，这是一个不争的事实。在学术研究方面，理论创新不够，研究方法阙如，写作风气不正，作品细读不够，急功近利靡然成风，这一切导致草率之文比比皆是，严重影响和危害了中国的学术生态环境，成为阻挡中国学术走向世界的障碍。如何在中国外语界、国际中文教学界树立一面旗帜，倡导一种优良的风气，从而引导中青年学者认真探索、严谨治学，这些想法促成了我们出版"英华学者文库"。

"英华学者文库"的作者是一群虔诚的"麦田里的守望者"。他们在自己的领域里，几十年默默耕耘，淡泊处世，不计名利，为的是追求真知，寻得内心的澄明。文库的每本文集都收入作者以往发表过的约 10 篇文章，凝聚了学者的学术精华。为了便于阅读，每本文集都会分为几个相对独立的部分，每个部分都附有导言，以方便读者追寻作者的学术足迹，了解作者的心路历程。

我们希望所有收入的文章既有理论建构，又有透彻的分析；史料与语料并重，让文本充满思想的光芒，让读者感受语言文化的厚重。

我们整理出版"英华学者文库"的宗旨是：提升学术，铸造精品，以学彰德，以德惠学。我们希望文库能在时下一阵阵喧嚣与躁动中，注入学术的淡定和自信。"随风潜入夜，润物细无声"，我们欣慰的莫过于此。

前 10 本已经出版，后 20 本也将陆续推出。我们衷心感谢高等教育出版社为本文库所做的努力。

中国英汉语比较研究会会长　罗选民
2023 年秋

自 序

我对翻译文学的热爱始于少年时代。那是20世纪50年代初期，我喜欢阅读各种寓言和童话，《伊索寓言》和《格林童话集》是我的最爱。它们为我打开了一扇又一扇域外文化之窗，教我鄙视假、恶、丑，崇尚真、善、美。求学时期，我阅读了许多中外文学作品和传记，它们在我的成长中留下深深的印记。

也许是命运的安排，我于1961年考入华中师范学院（现华中师范大学）外语系英语专业。在这所传统老校，我接受了良好的英语基础教育，1965年以优秀学习成绩大学毕业。

我被分配到武汉外语专科学校任教。这所学校是国家根据外事人才的迫切需要，于1964年建立的，我进校就担任了英语专业主讲教师。后来，学校在"文革"时被撤销，教职工重新分配，我回到母校，于1971年重登英语专业讲台，一直工作到2006年退休。

1978年，我先生经过严格选拔和国家考试，成为改革开放后首批理工科留学人员，同年他又通过考试获得第一批欧共体奖学金，赴意大利留学，1981年回国。先生不在国内的那几年，我面临很大的挑战。我一直承担英语专业高年级精读课教学工作，当时教学资料陈旧匮乏，教学中困难重重。武汉夏天酷热，冬天湿冷，生活物资极度短缺，住房条件很差，我要照顾两个年幼的孩子。工作和生活的极端劳累几乎压垮了我，有一次我竟突然晕倒在马路上，多亏路人抢救及时，才避免了一场大祸。好在我天性乐观，视艰辛为磨炼。与同时代的人相比，我能一直从事自己热爱的英语教学工作，还撑起了一个幸福的家，是多么幸运！

1986年是我教师生涯的转折点。我通过了学校和雅礼协会（Yale-China Association）双方的选拔考试，获得雅礼协会资助，赴美国耶鲁大学英文系研修。在耶鲁大学，我如饥似渴地听课、阅读、参加学术讨论，从事有关翻译与文化的研究。我有幸认识了尤金·奈达博士，和他讨论翻译中的热门问题并获赠好几本他的著作，这使我对社会符号学产生了浓厚的兴趣。我有幸得到英文系系主任的指导，他渊博的学识使我受益匪浅。在耶鲁的学习和研究使我敏锐地感到中国文学作品外译的接受度不高不一定是译文的问题，主要问题源于中西文化和价值观的差异，甚至是意识形态的差异。那年10月，我参加了美国翻译家协会的年会，宣读了我在耶鲁大学撰写的两篇论文"Cultural Differences in Translation"和"Teaching Translation in China"，引起与会者极大的兴趣，这两篇论文均被收入年会论文集出版。丰富多彩的耶鲁之行，让我登上教学与科研的新起点。

回国后，我继续为英语专业本科生上翻译课和其他课程，并开始指导硕士研究生，为他们开设"翻译学"和"翻译批评"课程。不久，接受湖南教育出版社的邀请，我撰写了《耶鲁大学》（世界著名学府丛书），全面介绍耶鲁大学的历史沿革与现状。该书于1990年出版，1996年重印。

1996年对我有特别的意义。我的第一部教材《新实用汉译英教程》由湖北教育出版社出版。那是我十年磨一剑的创新尝试。该书按照《高等学校英语专业高年级英语教学大纲（试行本）》对学生汉译英水平的要求编写。我非常高兴看到该大纲要求讲授"基础理论"。长期以来，"翻译无理论"乃至"翻译理论无用"等思想在学界根深蒂固，我不敢苟同。1984年，我就提出"重理论，在联系实际中讲精讲透；抓实践，在理论指导下抓细抓深"的观点（陈宏薇，1984）。我自己在学习时，坚持"知其然，还要知其所以然"，教学时，努力"授人以鱼，还要授人以渔"。当时，我认为讲理论就是讲道理，学生明白了道理就可以避免盲目实践，有助于取得较好的效果。

在那部教材中，我选择了社会符号学作为基础理论。我认为，语言具有强烈的社会符号性，语言的产生、发展及使用都不能脱离社会。虽然这一观点早已得到普遍承认，但人们在分析语言时，出于习惯，往往只考虑文本及其语言结构。而用社会符号学观点分析语言，就会从社会结构及社会过程的角度理解语言信息及其社会意义。这种理解比较全面、比较深刻，基于这种理解的表达也易于较全面地再现原文的意义与功能，完成翻译的使命（陈宏薇，1996）。

我所用的社会符号学翻译法，根据美国翻译家奈达（E. A. Nida）的社会符号学翻译观，吸收了英国语言学家韩礼德（M. A. K. Halliday）对语言的社会符号性的论述及克雷斯（G. Kress）的社会符号学理论，以再现语言的意义（指称意义、言内意义、语用意义）及功能（信息功能、表情功能、祈使功能、美感功能、酬应功能、元语言功能）为目的，探索翻译的规律（陈宏薇，1996）。据此，我提出"意义相符、功能相似"的翻译标准。

我认为汉语虽然是中国学生的母语，但由于其语义的隐含特征及语法的意合特征，要透彻理解一段汉语文字并不容易，用地道得体的英语表达这段汉语文字的全部意义就更困难。汉译英教学应该对比汉英两种语言，帮助学生掌握汉英词义关系、词义的理解及搭配、英语句子的构建及篇章的连贯等。翻译的理想单位是篇章，译者着眼于篇章，却得从词起步，经短语到句，成段谋篇，最后写成一篇与原文意义相符、功能相似的英文作文（陈宏薇，1996）。

因此，在教程的编排上，我首先介绍社会符号学翻译法，然后以汉英两种语言对比为核心，从词、句、段、篇四个方面讨论了汉译英过程中正确理解与贴切表达原文的方法。

这一翻译教学理念得到了社会认可。澳门大学张美芳教授对国内的翻译教材进行过专门研究，对我的教程她做的问卷调查结果是：该教程在15种最受欢迎的翻译教材中名列第二。它获得使用者好感的主要原因是：①用社会符号学解释翻译，颇有时代气息，角度新，有独到见地；②理论与实践结合得较好；③举例精当，文字明白晓畅，适用于教学；④编排结构好，内容丰富（张美芳，2001）。

曾任上海外语教育出版社社长的庄智象教授了解了这部教材出版后的社会反响，请我为他们出版社的"21世纪英语学习丛书"编写一部《汉英翻译基础》，要求我保留第一部教材的理论和框架，但内容须适合大学二年级学生和自学者。

1996年的另一件大事是我加入了中国英汉语比较研究会。这个由我国著名翻译家、教育家刘重德先生创办的研究会对我而言就是一所从事英汉语比较研究的大学，它集中了我国翻译界、语言学界和文化学界的许多知名学者和优秀人才。我欣赏学会"以文会友"的纯正会风，"老师"与"学友"们睿智的谈吐和各树一帜的学术思想，跨界学术讨论以及前沿学术动态交流，这些都大大拓宽了我的学术视野，深化了我对翻译和相关理论的研究。

那次年会激起我对中西方心理文化对比的兴趣，我决定改写已经成型的《汉英翻译基础》理论部分，加入比较系统的中西方心理文化对比，加强它的学术性。这部由我主编的教材以方法、编法和内容的"三新"特点受到读者欢迎。从1998年2月至2020年11月，印刷31次，印数逾17万册。

在此基础上，我专门撰文《跨文化交际中的翻译研究方法——社会符号学翻译法》，对其进行深入的理论阐述。该文收入张柏然、许钧主编的《面向21世纪的译学研究》（陈宏薇，2002）。

良好的社会效应使我有缘主编第三部教材——《新编汉英翻译教程》（普通高等教育"十五"国家级规划教材，新世纪高等院校英语专业本科生系列教材，上海外语教育出版社2004年出版）。

21世纪提出了新要求。我认识到，培养学生的汉英翻译能力不能仅仅满足于保证他们通过全国英语专业八级考试，而应将培养学生汉英翻译能力的过程视为提高学生综合素质的过程，使他们不仅具备一定的汉英翻译水平，还具备相当的独立分析问题和解决问题的能力，既帮助他们打下扎实的语言和翻译基本功，还帮助他们奠定攻读硕士学位的基础。这种新的教学理念促使我在编写中做了如下尝试：①将比较系统的中英思维方式对比与汉英语言对比作为学习汉英翻译的基础理论。②编排"推陈出新"。"陈"代表传统，但传统的思想不一定陈旧，好的传统不仅不应该摒弃，还应该继承和发扬，要注入新的理念使之更科学、更有效。我们将"词语的翻译"置于语言和文化语境中学习，突出"辨义"；在"句子的翻译"中突出"组句"，训练学生转换思维方式，还将汉语和英语共有的四种句子功能再现，单列一节加以阐述；重点讲授在进行汉英翻译时如何再现句群内的衔接与连贯；为"篇章的翻译"选择的新闻等四类文本均取材于最近的报刊、普通文学作品与网上资讯。各类文本讲授的侧重点和论述角度不求一致。③以一例一评析的方式强调翻译过程。④练习形式多样化。

除了编写教材，我还对翻译教学思想、文学翻译和翻译家有所研究。最让我专注的是如何将符号学与翻译学结合起来，探索翻译符号学研究的途径。为此，我密切关注翻译研究的新动向，阅读了许多中外符号学文献，收集了相当多的资料，但由于教学工作太忙，我始终未能动笔。

2006年延聘2年期满，我准备退休后潜心撰写《翻译符号学途径》，但我无法拒绝学会和出版社托付给我的任务。

其中，《新编汉英翻译实践》的编写体现了我在翻译教学领域的新观点。我认为,"读""听"和"背"译文固然都可视为翻译实践的方式,但它们都不能代替"做翻译";学习翻译和学习语言有相同之处,需要经过无意识→有意识→下意识的过程,这是一个漫长的过程。只有用科学的方法大量实践,获得丰富的第一手翻译经验,逐渐内化语言与文化的特征和翻译的规律,日积月累,才可望有效提高翻译能力。我还认为,我们比较习惯中国言说方式,即采用问答式启发、提供参考译文或"标准"答案,这是对孔子言说方式的继承;而讨论式是西方言说方式,没有"标准"答案,这是对苏格拉底言说方式的继承。加强讨论式教学,将中国言说方式与西方言说方式相结合,使学生在各类练习,特别是讨论中得到启发,在思想交锋的过程中迸发智慧的火花,对发挥他们的潜能是大有裨益的(陈宏薇、李亚丹,2010)。因此,该书加强了文本比较练习、增添了译文赏析、为开放式的课堂教学设计了讨论题。

我还编写了《高级汉英翻译》一书。按全国翻译硕士专业学位MTI系列教材的要求,这部汉英翻译笔译教材应具备"专业化、实践性、应用型"的特点。我决定以实用(强调技能训练,学以致用)、适合(适合翻译专业硕士生,重视启迪思维)、新颖(内容新颖,强调理性思维与感性思维的结合)和多样(选材和训练方式多样)为编写原则,以翻译的符号学视角统摄全书,我认为这有助于译者全方位认识翻译、学习翻译、提高翻译能力。我根据中国学生学习汉英笔译存在的实际问题和全国翻译专业资格(水平)考试三级和二级笔译实务考点分布来确定翻译实例,教程不是罗列规则,而是展示大量不同类型的译例与分析,旨在激发学生富有灵气的创造。

2006年至2009年,我完成了5本书的编写、翻译和出版,还在准备一部专著,沉重的任务重创了我的身体,我终于病倒了。经过大半年的治疗,身体才慢慢恢复,但我很难再继续从事翻译研究了。梦想要有,但并非一定要实现,重要的是在追梦过程中体验到的苦与乐丰富了自己的人生。

编写这部文集让我重温艰难坎坷的学术之路。无意得之终究得，刻意强求偏不得。历经40余载的辛劳，我将大部分时间奉献给教学，科研起步晚，成果不多，偶有所得，求而不得也未必遗憾。

本书挑选的11篇论文分为三部分，其缘由和特点在"导言"中均有说明。我特别选用了《一致性：刘重德和Peter Newmark翻译理论之比较研究》一文来表达我对学会的创始人刘重德先生深深的怀念与敬意！重读这些论文，有的研究方法很"笨拙"，有的观点失之偏颇，有的措辞未必恰当，但它们是我不断求索的写照，所以，我基本不改其原貌，就让这一串深深浅浅的脚印留在我所热爱的译道上吧！

回顾自己的成长与学术之路，我由衷感谢母校华中师范大学的师长为我打下教书育人的坚实基础！

感谢中国英汉语比较研究会拓宽了我的学术视野，给予我丰厚的学术滋养！

感谢学术界朋友们的支持、鼓励和帮助！

感谢我的学生们百忙之中向我伸出援手，将宝贵的资料寄给远在天涯海角的我，使这本自选集的写作得以顺利进行！

感谢家人一直对我的支持与厚爱！

最后，感谢高等教育出版社为出版这套学术论文自选集做出的努力和奉献！

陈宏薇

2023年2月3日（立春）

参考文献

- 陈宏薇. 翻译教学的初步体会 [J]. 翻译通讯，1984 (2): 37-40.
- 陈宏薇. 新实用汉译英教程 [M]. 武汉：湖北教育出版社，1996.
- 陈宏薇. 跨文化交际中的翻译研究方法——社会符号学翻译法 [C]// 张柏然，许钧. 面向 21 世纪的译学研究. 上海：商务印书馆，2002: 541-559.
- 陈宏薇. 高级汉英翻译 [M]. 北京：外语教学与研究出版社，2009.
- 陈宏薇，李亚丹. 新编汉英翻译实践 [M]. 上海：上海外语教育出版社，2010.
- 张美芳. 中国英汉翻译教材研究（1949-1998）[M]. 上海：上海外语教育出版社，2001.

目 录

第一部分　教学理念与译评　　1

导言　　3
一　单独讲授 突出治本——汉译英教学之我见　　7
二　道格拉斯·罗宾逊以人为中心的翻译教学思想评介　　12
三　从小说美学的角度看《孔乙己》英译文的艺术成就　　28
四　移植形式 妙手天成——评江枫译诗《雪夜林边》　　43
五　难忘的历程——《红楼梦》英译事业的描写性研究　　54

第二部分　翻译家研究　　73

导言　　75
六　一致性：刘重德和 Peter Newmark 翻译理论之比较研究　　78
七　从"奈达现象"看中国翻译研究走向成熟　　88
八　慧眼识主体 —— 评方梦之教授的应用翻译主体研究　　97

第三部分　翻译符号学途径探索　　109

导言　　111
九　跨文化交际视野中的翻译研究方法 —— 社会符号学翻译法　　115
十　符号学与文学翻译研究　　130
十一　苏珊·彼得里利的解释符号学翻译思想研究　　138

第一部分

教学理念与译评

导　言

这部分收入的五篇论文，阐明了我对汉英翻译课程设置的观点、对翻译教学新思想的译介和看法，以及用不同方法从事的翻译批评研究。

重视翻译及相关理论的学习与研究，将体会与收获融入教学是我几十年所坚持的教学理念。我所在的英语系相当重视本科生的翻译课，而且接受我的建议，将汉译英和英译汉分开讲授。

最初，我只是感到汉译英不同于英译汉，仅仅讲授语言转化的技巧是不够的，这固然是学生的英语能力不及汉语能力所致，但其深层原因是什么？那段时间，翻译与文化的关系是译界讨论的热点，我学习了不少相关论述，明白了心理文化对语言文化的影响，心中豁然开朗。耶鲁大学外语专业本科生必须到以该外语为母语的国家生活半年或一年，以深入学习该国文化与活的语言。我国学生不可能有这样的条件，但我们可以尽量创造一个小环境，帮助学生尽快掌握双语双文化的转换技能。于是，第一篇论文酝酿成熟。

我从交际活动的不同内涵、学生母语和外语能力的差距、学生心理文化对语言文化的影响、篇章翻译教学难点及处理方式等四个方面说明汉译英应单独讲授、突出治本，以利于翻译人才的培养。当然，翻译课和其他英语专业课程一样，要用英语授课。坚持这种教学理念在我校英语系已见成效。在英语专业八级考试中，学生的汉英翻译平均成绩多年来高于师范院校和其他院校的学生。

从这篇论文发表至今，20多年过去了。我国学习外语，特别是学习英语的环境与条件已今非昔比，有了质的飞跃。学生可以使用网络和各类媒体学习英语，提高汉英翻译能力，这是社会和教育的进步，令人鼓舞。但作为一门大学的专业课程，汉译英仍然有必要单独讲授。

第二篇论文从四个方面较详细地评介了美国翻译理论家道格拉斯·罗宾逊（Douglas Robinson）以人为中心的翻译教学思想。评介内容有：以人为中心的教学内容、翻译教师和学员都是社会存在的教学理念、基于人的认知规律（穿梭于经验与习惯之间）的教学模式和以学员为中心（脑兼容）的教学方法。我认为，道格拉斯·罗宾逊的翻译教学思想较深刻地揭示了翻译教学的实质，其创建的教学模式与教学方法有助于快速、有效地培养译员。他的翻译教学思想对我国的翻译教学研究和教学翻译研究有借鉴意义，有助于我们将翻译教育与日益多元化的翻译产业需求结合起来。我在为翻译硕士编写的《高级汉英翻译》（外语教学与研究出版社，2009）教程中，就借鉴了他的理念。

第三篇论文为小说英译批评。该文根据小说美学的人物、时空、情节、叙述、语言等要素，对比研究了鲁迅的小说名篇《孔乙己》与杨宪益、戴乃迭先生所译英译文的艺术成就。该文通过分析典型实例，说明译者如何以生动简洁的笔触、符合人物社会地位与性格的贴切选词以及恰当的语篇布局，忠实地再现了原文的审美要素，实现了译文的艺术世界与原文的艺术世界之间的契合。

第四篇论文是诗歌翻译评论。该文详细研究美国现代主义诗人罗伯特·弗罗斯特的著名格律诗 *Stopping by Woods on a Snowy Evening* 的形式特征和我国著名诗歌翻译家江枫先生的译诗《雪夜林边》，从意象移植、结构移植和韵律移植三方面说明江先生的形式移植妙手天成。该文还探讨了形式移植与意境再现的关系。由于源诗的象征意义是开放的，译者无法了解诗人创作诗歌的初衷，模仿源诗的形式特征并将其移植到译诗中，便不失为译者的最佳选择。该文还提出形式移植不等同于机械对应，也不是译诗的唯一选择，只有诗歌翻译的多元化才能带来诗歌翻译的繁荣。

第五篇论文是对《红楼梦》英译事业的描写性研究。它最初是我指导的学生江帆撰写的硕士学位论文。适逢南开大学外国语学院与《中国翻译》编辑部联合主办首届"全国《红楼梦》翻译研讨会"，江帆将学位论文的主要部分写成会议论文，请我指导修改。该文引起强烈反响，我们收获颇多，听取了与会者的宝贵意见并将这篇论文认真修改后在《中国翻译》上发表。

该文首先介绍了多元系统论及相应的描写性批评方法论，然后用此方法从全新的视角对九种译本的《红楼梦》英译事业进行比较全面的历时性描述。论文有力地说明了以下三点：①中国文化和英美文化的消长对不同历史时期中国古典文学的英译规范与倾向有影响。②《红楼梦》英译本作为翻译文学在英美多元文化系统中的地位与社会功能随着历史时期的变化而变化。③描写性翻译批评方法能有效解释一些由历史语境影响和决定的翻译现象，尤其适用于对多年以前产生的翻译文学或是同一文学作品在不同历史条件下产生的不同译本进行研究，它可以弥补规定性翻译批评方法的局限性。翻译批评研究，尤其是文学翻译批评研究，应涵盖规定性和描写性两种批评方法，以发展为完整的文学翻译批评系统，推动翻译文学事业的发展。

一 单独讲授 突出治本——汉译英教学之我见[1]

1 引言

大学英语专业应立即全面开设汉译英课程，因为开放的社会需要开放的人才。培养学生的英译汉能力有助于他们引进外国文化，培养他们的汉译英能力则有助于他们向世界介绍中国文化。对有志于走向世界的中国青年，对 21 世纪的主人，这两种能力缺一不可。随着改革开放向纵深发展和对外交流的日益扩大，社会对汉译英人才的需求急剧增加，不少缺乏训练的译者仓促上阵，致使许多汉语实用文体的英译文质量低劣。所以，大学英语专业全面开设汉译英课程，科学地培养学生汉译英的能力，已成燃眉之急。

笔者认为，汉译英应单独讲授，不宜与英译汉混合讲授。作为翻译，它们的确有不少共同之处——都应遵守翻译的普遍规律与原则，都需要经过遣词、造句、谋篇的过程，都要使用增词或减词等常用技巧，克服文化差异，达到同样的翻译标准。但从双语交际和语言习得/学习的角度来看，汉译英教学不同于英译汉教学。

---

[1] 原载《外语与外语教学》1999 年第 7 期，30—31 页。原文可能因篇幅关系删去了部分内容，现在加上。

2　不同的交际活动

教学是交际活动，其过程可用交际公式表明：

信息源→信息→信息接受者

用上述公式分析汉译英和英译汉教学，并假定信息源不变（由同一教师讲授，且其讲授汉译英和英译汉的水平相当），不难发现信息和信息接受者在两种交际活动中具备不同的特征。

信息在汉译英教学中指汉语转换成英语，在英译汉教学中指英语转换成汉语。汉英两种语言在谱系、文字系统、语音、词汇、语法、篇章、语用诸方面均有较大差异，这些差异是它们在物质文化和制度文化均不相同的社会中产生和发展，且被具有不同心理文化的人长期使用而形成的。由于这两种语言差别很大且反映不同的文化，汉译英和英译汉其实是两种不同的交际活动，学习它们的转换机制不宜雷同。

3　学生母语和外语能力的差距

信息接受者虽指同一批学生（个人差异从略），他们参加汉译英和英译汉两种交际活动的语言能力和心理状态却完全不同。

汉语是他们的母语，英语是他们的外语。韦德尔、刘润清（1995）认为，学习者从出生起就开始"研究"汉语，因为他们具有天生的、遗传的习得（to acquire）汉语的能力，在处于支持性的、照顾周到的、一对一的学习环境中成长，在五岁至六岁时，其语法能力便基本上达到了本族人的水平。由于他们总是处在汉语环境中，心理压力小，习得语言时注意的焦点也显然是如何得体地使用汉语。因此，即使不正式学习（to learn），他们也能熟练地运用汉语。况且接受翻译训练的学生，均受过从小学到大学二年级甚至三年级的学校教育，系统学习了汉语和用汉语讲授的其他科学文化知识，具备较高的汉语水平。

学生的英语能力主要依靠学习获得。他们出生在非英语环境中，很少处于自然的英语环境和一对一的英语学习环境中，获取英语信息的途径一般以教科书为主，注意的焦点往往是语音、语法和词汇，课堂上的交际活动往往由教师控制，学生使用英语的机会少。学习一门陌生的、与母语差别很大的外语，虽然有趣，但学生的心理压力大，他们害怕出错，而越害怕出错，越不敢练习，实践英语的机会就越少。还有一个不容忽视的事实是：即使是英语专业的学生，接触英语的主要渠道也仍然是课堂，课堂上使用的语言是教师语言。教师语言简短、语法正确、词汇的使用频率高，但它不是在自然英语环境中使用的语言。虽然这种语言可以提高学生做语法填空、句型练习、阅读理解等项目的水平，但它远远不能帮助学生在自然英语环境中运用英语。在精读课和文学课教学中，教师为便于学生理解，常常使用解释法（paraphrase），学生虽明白了原文的意义，但记住的往往是解释式的口语化英语，而不是地道的原文原句。在课堂上，教师为了鼓励学生实践，对他们使用的"汉式英语"或不规范英语也往往采取宽容的态度。因此，学生以学习方式获得的英语能力，远远比不上以习得和学习方式获得的汉语能力。尽管中学课本和大学课本中也有汉译英练习，但它们绝大多数都是为复习课文中的短语或句型设计的，学生熟悉了课文基本上就能翻译，对提高学生的汉译英水平来说作用有限。

4　学生的心理文化影响语言文化

学生的心理文化特征是翻译教学不能忽视的重要因素。在汉语环境中生活，他们必然受到汉文化的影响。周依萍和李亚舒认为，汉文化是一种人文文化：重人伦、轻器物，价值取向以道德为本位；重综合、轻分析；重意合、轻言传；崇尚群体意识、强调同一性；追求人与自然的和谐，把人与自然看成一体。而西方文化是一种科学文化：重物质、轻人伦，价值取向以功利为本位；重分析、轻综合；重概念、忌笼统；强调人权，主张个人至上，重视特殊的辨识；强调人与自然的对立、人对自然的索取（周依萍、李亚舒，1994）。我认为，这些差异导致了中西思维方式的不同：中国人重具象、重直觉、重整体，西方人重理性、重逻辑、重个体。这种思维方式在语言上则表现为：汉语十分形象，英语注重功能；汉语词义一般比较笼统，英语词义一般比较具体；汉语表意较模糊（表现在单复数概念、时间概念、虚词的含义、词类的界定等方面），英语表意较准确；汉语句子的构建凭意念，不太注重句子成分的功能，英语句子构建在主谓主轴上，各成分的功能很明确；汉语强调篇章结构的整体性，讲究起承转合的完备，注重对称平衡，英语强调篇章结构的严谨；汉语重意念，英语重形式。不同的心理文化使汉语和英语成为两种完全不同的符号系统。学生学习英译汉时，是分析理解英语原文，按习惯的思维方式，在大脑中综合成整体概念，用较强的母语能力写成一篇与原文意义相符、功能相似的汉语作文。学生学习汉译英时，是分析理解汉语原文，按与习惯的思维方式相对立、较陌生的思维方式，以较差的外语能力写成一篇与原文意义相符、功能相似的英语作文（陈宏薇，1998）。后者比前者困难得多，学生需要的训练不仅仅是使用翻译技巧和斟酌词句，而是转变思维方式，是学会用一种外语，按与习惯对立的思维方式进行得体的交际，这种交际还不能随心所欲，只能从属于原文的意义与功能。

5　篇章翻译教学难点不同

汉译英与英译汉的篇章翻译教学难点不同，教师遇到的问题与采用的对策也不相同。英译汉的问题多体现在对原文的理解欠准确透彻，表达难以传神；汉译英的问题多体现在难以用地道得体的英语表达原文的全部意义，难以改变按汉语句型写英语句子的习惯，特别是难以再现篇章的衔接与连贯，学生感到困难的是用有形的语言衔接方式表达无形的语义连贯，而这正是决定篇章翻译质量高低的关键。因此，汉译英教学必须特别注重培养学生的篇章意识，训练学生的谋篇技能。汉译英教学虽然着眼于篇章，却要从词起步，经短语到句子，才能成段谋篇。在这一教学过程中，翻译单位由小到大，翻译层次由低到高，在每一个环节中，教师都要强化学生的篇章意识。讲授词语翻译时不能离开句子，讲授句子翻译时不能离开段落，讲授段落翻译时要侧重段内关系的再现，自然地向篇章翻译过渡，讲授篇章翻译则应强调译文的整体效果，综合使用各层次学习阶段所学到的知识与技巧。按这种顺序讲授汉译英知识和技巧，符合汉译英的规律，有助于系统地训练学生运用西方的思维方式和语言习惯。

6 结语

以上分析从汉译英和英译汉交际活动的性质、学生母语和外语能力的差距、心理文化对语言文化的影响及篇章教学难点的差异等方面，说明汉译英教学有其独特之处。笔者认为，讲授常用的翻译技巧只能达到治标的效果，汉译英教学应突出治本。它应以系统的心理文化和语言文化对比为基础，着重训练学生用两种不同的思维方式和语言处理信息；它应训练学生在宏观上把握原文的意义与功能，通过微观的理解与表达实现宏观的整体效果，学会在把握整体时观照细部，在处理细部时不忘整体的翻译方法；它应融合对比文化学、对比语言学、社会符号学、语用学、文体学、文章学、美学等多种学科基本知识加以传授；它应单独讲授，创造一种将汉语向英语转换的学习环境，以利于学生实现思维方式和观念系统的转换，提高双语能力和汉译英水平。

参考文献

- 陈宏薇. 汉英翻译基础 [M]. 上海：上海外语教育出版社，1998.
- 韦德尔，刘润清. 外语教学与学习——理论与实践 [M]. 北京：高等教育出版社，1995.
- 周依萍，李亚舒. 文化发展的新趋向——科学人文文化——中西文化比较研究思考之一 [C]// 萧立明. 英汉语比较研究. 长沙：湖南科学技术出版社，1994:234-243.

二 道格拉斯·罗宾逊以人为中心的翻译教学思想评介[1]

1 引言

道格拉斯·罗宾逊（Douglas Robinson）是美国密西西比大学英语教授，1983年获华盛顿大学博士学位，其教学和研究领域涵盖语言理论、翻译理论、文学理论、美国文学与文化、西方思想史与教学法。他一直担任圣杰罗姆（St. Jerome）出版社、《译者》和《翻译与文学》等权威学术刊物的顾问和编委。他在翻译研究方面已出版《译者的转变》（*The Translator's Turn*，1991）和《表述行为语言学：讲与译中的言有所为》（*Performative Linguistics: Speaking and Translating as Doing Things with Words*，2003）等5部专著，已发表27篇关于翻译理论与教学的论文。他是莫娜·贝克主编的著作《翻译研究百科全书》的编委，在总论部分的81个条目中，有10个由他撰写。罗宾逊精通芬兰语，俄语、德语、西班牙语的口语好且阅读能力强，能用拉丁语阅读，对瑞典语、法语、意大利语和葡萄牙语也略知一二，多语能力使他对语际翻译有独特的见解。他的翻译思想集中体现在他为翻译专业本科生、研究生和翻译自学者编写的教程《成为译员——速成翻译教程》（*Becoming a Translator: An Accelerated Course*）中。

---

[1] 原载《中国翻译》2006年第2期，45—50页。罗宾逊的个人资料由笔者译自其个人网页 http://www.olemiss.edu/~djr/ （更新于2005年11月3日）。

该教程由著名学术出版机构劳特里奇出版社（Routledge）出版，初版于1997年，并多次重印。罗宾逊依据该书的主要内容在美国、西班牙、葡萄牙、智利、巴西等国做过10余场学术报告。为了满足社会发展的需要，罗宾逊适时更新初版的内容，吸收了心理学、术语学和社会学等学科的最新研究成果，增添了运用信息科学帮助译者解决实际问题的内容，于2003年出版了该教程的第二版，新版的《成为译员——翻译理论与实践入门》（*Becoming a Translator: An Introduction to the Theory and Practice of Translation*）将翻译理论、翻译要旨与翻译实践融为一体，赢得了翻译领域专家的好评，是译界新手和专业译员必读的经典图书，对翻译教师、翻译研究者和语言研究者也大有裨益。

我国学者张美芳（2001）对1997年版的《成为译员——速成翻译教程》做过研究。她将该教程与纽马克、贝尔、贝克等人编写的教材进行过简短的比较，以说明西方翻译教科书体现了西方翻译学者的翻译概念从经验到文本，再到解构的变化。她（张美芳，2001：14）认为罗宾逊教程的突出特点是反传统，以人为本："罗氏所设计的练习反映了过去十年西方翻译研究领域所涉及的热门话题：翻译与权力、翻译与意识形态、翻译与文化、功能翻译、翻译与市场等等。"

我国学者韩子满（2004）将该教程初版内容分为四大部分进行过简要介绍，简单说明了第二版增添的内容，将其独特性归纳为编排体例灵活、理论色彩浓厚、重视电脑及网络的作用、不讲授具体的语言转换技巧四个方面，指出该教程的新意在于它较全面地论述了翻译职业化的问题、从理论上论证了快速翻译的必要性与可能性、对一些有影响的翻译理论进行了精彩的解读。尽管有理论过多、过杂，理论框架不够严密等缺点，他仍认为"这本教程非常适合用作职业译员培训教材，作为'翻译导论'之类总论课程的教材尤其合适"（韩子满，2004：58）。

笔者赞同韩子满的主要观点。但笔者认为，由于中西方的社会文化有较大差异，学员的知识结构也不太相同，是否可以直接使用这部教程尚待考虑，但罗宾逊以人为中心（person-centered）的翻译教学思想值得我们深入学习和研究。

一部翻译教程应该是编者（往往是翻译教师）对翻译和翻译教学认识的结

晶。笔者从事翻译教学工作已 20 余年，也主编过几部汉英翻译教程，细读或略读了多部汉译英、英译汉、英汉－汉英互译的翻译教程。它们无论是偏重实践，还是力求实现理论与实践相结合，无论是以介绍和运用翻译技巧为纲，还是以比较系统的英汉语言文化比较研究为纲，在分析语际转换中遇到问题并传授有效的处理方法时，无论是按词、句、段、篇这一传统的语言层次排序，还是按源语文本的体裁或话题的类别排序，其核心都是文本翻译，其教学思想都是以文本为中心的。它们对文本翻译与社会文化的关系虽有阐述，却不够深刻，对翻译过程的描述也大多停留在语言层次。因此，笔者通读了罗宾逊的教程后，感到罗宾逊的翻译教学思想别具一格，它较深刻地反映了翻译和翻译教学的实质，对我国的翻译教学研究，以及翻译理论与实践研究均有借鉴意义。下面拟从四个方面详细介绍并评论罗宾逊的翻译教学思想。

2 罗宾逊以人为中心的翻译教学思想评介

2.1 教学内容以人为中心

《成为译员——翻译理论与实践入门》的篇章结构如下：

第一章 行外人看翻译：用户的观点

第二章 行内人看翻译：译者的观点

第三章 译者是学习者（译者在翻译这一智力活动中有意识和无意识地学习）[1]

第四章 翻译的过程（译者的认知过程）

第五章 经验（经验是最好的教师，译者获取经验的途径）

第六章 人（研究文本实质上是研究人）

第七章 工作的人（译者学习术语的方法和过程）

第八章 语言（译者的工作不是翻译语言，而是翻译人用语言做什么）

第九章 社会网络（译者应意识到翻译与社会的相互作用）

---

[1] 章名中括号内的文字为笔者概括的该章内容，后同。

第十章　文化（译者对文化了解越多，翻译能力就越强）

第十一章　习惯失效（译无涯，学无涯。译者应不断学习）

　　从上述篇章结构中可以清楚地看出，该教程的内容是以"人"为中心展开的，重在论述译者作为社会的人应该如何研究社会中其他的人，更好地发挥自己作为社会网络中一个结点的作用。书中还援引了许多译员的亲身体会，学员学习这本书，就走进了译员的生活和他们工作的世界。罗宾逊"乱"了以文本为中心的翻译教材的套路，因为他的翻译教程要为培养真实世界中的真实译员服务。

　　教程的第六章至第十章，分别论述了如何运用心理学、术语学、语言学、社会学与文化学等理论研究翻译，目的是让有不同兴趣的学员"各取所需"，因为在罗宾逊看来，没有哪一种理论是唯一"正确"或"有用"的。他的做法受到不少学者的批评，认为他的理论系统杂乱无章（韩子满，2004）。

　　笔者却认为，他这样编排教程是为了满足不同学员的需求，源于"以人为中心"的翻译教学思想，体现了新意。更让笔者称道的是，罗宾逊用上述理论论述了人、语言、社会网络、文化和习惯失效等与翻译教学密切相关的问题，并将假说推理、归纳与演绎三种逻辑推理方法贯穿其中，印证了翻译教学与逻辑学、哲学的密切关系。这说明他的理论系统有章法，符合人的认知规律。

2.2　强调翻译教师和学员的社会存在

　　罗宾逊强调翻译教师和学员作为译者都是社会存在这一似乎不言自明的事实。他认为，翻译在西方多年以来只是作为文本转换的语言活动来研究，未被视为真正意义上的社会活动。人们主要关注的翻译问题是语义和句法对等，毫不考虑真实世界中真实的人对翻译有不同的需求。虽然人们的这种观念自20世纪70年代末期以来受多元系统论、目的论、后殖民主义理论的影响发生了变化，但这种源于中世纪宗教的西方文明和希腊理性主义的思想根深蒂固，很难消亡。因此，他强调，译者作为社会的人，应充分认识到社会网络对翻译活动的无形控制和巨大影响，仅仅具备文本转换的能力是不够的。

罗宾逊"颠覆"了编写翻译教程的普遍模式。他不论述翻译单位、翻译原则或文本转换的规律，而大书译者应如何学会在社会网络中工作、如何与客户或翻译公司打交道、如何研究翻译市场的行情、如何学会维护自己的权益、如何了解目标语文本读者的期望值等。他认为，教翻译、学翻译、创建翻译理论，都像做翻译一样，是一种高度社会化的活动，均应符合真实社会环境中真实的人与人交往的需要。翻译学员最好能参加翻译社团的活动、翻译会议和互联网上的讨论，越多越好。学员与译员在一起能更快地掌握语言和文化的互动关系，及时了解市场的运作机制和动态。与翻译社团和其他社会网络的良好关系有助于翻译学员尽快成为训练有素的专业译员，使他（她）能像一个神经元，将许多突触伸展到巨大的交际网络中，随心所欲地向这些网络传送或索取信息。

罗宾逊对翻译和译者社会性的重视，还体现在他对教程篇章结构的安排上。他在开篇第一章便分析客户和使用者对目标语文本的需求，说明传统的翻译标准的"可靠性"（常称为"对等"或"忠实"）在译者眼里和客户眼里有不同的含义，不同客户对"可靠性"的要求也不相同。

他将可靠性文本分为八类：①直译译本：逐字翻译或尽可能接近逐字翻译的文本，译文能体现源语文本的句法特征；②异化译本：译文比较流畅，有异域特色，读起来有翻译味；③流畅译本：译文可读性很强，目标语读者几乎不会感到它是译文；④综述本：译文概括了源语文本的要点或"精髓"；⑤评论本：译文解释源语文本复杂的内容，详细说明源语文本中的隐含义或若隐若现的含义；⑥综述－评论文本：全译客户最需要的内容，略译不太重要的内容；⑦改编文本：如果目标语读者与源语读者完全不同，为了理想的效果，可用改编法处理文本，如将供成人阅读的源语文本改编为供儿童阅读的目标语文本；⑧密码文本：一种解码文本，仅供解密者使用，以免文本内容泄露给他人。

他指出，客户对译者的可靠性还有其他方面的要求：译者应极关注文本细节，能了解每个词和短语在语境中的意义和搭配意义；对客户的需要十分敏感，能迅速、全面地理解客户对译本的特别需求并尽量准确而灵活地满足客户的需求；能从事研究，通过参考书、互联网、电话、电传和电邮等交际形式的帮助译出词语的确切意义；仔细校对，有疑惑之处应向专家请教，将正确无误的译本交给客户。译者在客户眼里，应是学识渊博、译艺高超、无所不能、诚信守时的人；态度要和蔼，有幽默感，还要乐于助人；能保守译本的秘密；译者应有计算机、网络环境、电邮地址、传真机、客户确认的翻译软件等各项保障。

显然，社会对译员可靠性的要求远超对其翻译能力的要求。除此以外，译员还应按时完成译作，接受低廉的报酬。

毋庸置疑，在罗宾逊看来，这些期望是违背翻译的规律与现实的。对翻译文本可靠性的要求越高，翻译所需的时间就越长，报酬也应提高；加急文本翻译，即使可靠性难以得到保证，报酬也该相应提高；客户越不愿支付合理的酬金，翻译文本的可靠性便越难保证（客户可能为了省钱而雇用非专业译员，导致许多不确定因素的产生，影响译文质量），而文本的延误又会增加费用。因此，他建议客户与译员协商，建立和谐的合作关系。

译员作为专业人士，对翻译职业有自己的看法。罗宾逊将其归纳为三点：翻译职业的尊严、较高的收入和快乐。译员认为可靠的译本和译德不仅重要，而且是他们职业尊严的体现；快速翻译固然能增加他们的收入，但他们从其他渠道也能获得报酬；他们看重的是翻译带给他们的快乐，他们要从翻译中得到快乐。这对行外人士和客户来说也许是最无意义的。

如果译员与客户对翻译的看法相左，双方就难免会有冲突。罗宾逊建议译员以职业尊严、译员的自尊为重。即使报酬不丰厚，字斟句酌所花的时间得不到回报，出于职业道德，仍应保证译文的可靠性；不可靠的译文会损害译员的声誉，降低译员的市场价值，也会失去翻译的快乐。他还建议译员积极参加译协或译联的活动，与同行团结起来，维护译员的正当权益。

仔细分析了客户与译员对翻译的不同看法之后，罗宾逊得出如下结论：

1）与其说翻译是解读词语，不如说翻译是解读人。

2）与其说翻译与语域和符号系统有关，不如说翻译与人从事的工作和他们的世界观有关。

3）与其说翻译与有规可循的文本分析有关，不如说翻译与创造性的想象力有关。

4）与其说译员像录音机，不如说译员像演员或音乐家（表演者）。

5）与其说译员，甚至包括翻译高科技文本的译员，像机译系统，不如说他像诗人或小说家。

显而易见，罗宾逊并未否认翻译与语言密不可分的关系，而是强调译员应将语言表述的抽象概念作为人的言行，置于更宽泛的人文环境中去思考，以获得更佳的翻译效果。

正是基于这一以人为中心的翻译思想，罗宾逊的这部教程，并未阐述具体的语言转换规律，而是提供了一种新方法，使学员能快速、高效、快乐地学会翻译，适应社会的需求。

笔者认为，罗宾逊在社会文化的大视野中研究如何培养译员适应社会和客户的需求、译员如何与客户建立和谐的关系具备实际意义。他视译员为社会网络中的一个结点，其事业的成功与否不仅仅取决于译员的天分和后天获得的语言能力与语言转换能力的强弱，更取决于译员能否充分利用社会网络提供的资源不断充实自己、减轻身心的压力、在社会网络中有效地工作。译员是社会存在，这一点任何人都不会否认，社会对译员的要求和影响在周兆祥的《翻译与人生》中也有详论，但将这一观点贯穿于一部翻译教程中，告诫教师和学员不应将翻译教学变成"象牙之塔"而自闭于其中，而应将翻译教学与研究社会以及社会中不同类型人的心态和需求、研究如何同人们和谐交往结合起来，却是罗宾逊的独创。这种新思想反映了翻译教学的社会功能，值得我们注意。

笔者很高兴地看到，我国翻译职业化的诸多问题，可望在中国翻译协会的领导下，由相关机构研究解决。翻译服务产业和翻译行业将会与社会同步发展，其机制将逐步健全，这必将推动翻译人才的培训和教育。

笔者还认为，翻译人才培训机构应及时以讲座等方式宣传推广中国译协及其分支机构为规范翻译服务市场和拓展行业职能所制定的计划，将人才培训与社会需求密切结合起来，提高培训质量。

2.3 基于人的认知规律的教学模式——穿梭于经验与习惯之间

罗宾逊创建了一种让学员在无意识的学习（即人们在课外进行的自然的学习）和有意识的学习（即人们在课堂上接受的传统的、模拟真实翻译的学习）

两种极端之间穿梭（shuttle）的教学模式。他指出，在译员培训行业内，缓慢的、十分仔细的、分析性的学习只是例外，用快速、综合、无意识的学习方法会学得更好、更有效、更快乐。用只重实践的无意识的教学方法训练学员的确有效，但它们缺乏对学员智力的训练，因为它们缺乏批评性的反思、元思考，缺乏用经验对语料进行检验的能力。学员的智力、学员的表象记忆与程序记忆的能力都是需要训练的。

译员应能迅速有效地对语言材料进行处理，但他们也应能意识到翻译问题之所在，放慢速度，用复杂的分析方法解决问题。将有意识和无意识的教学方法结合起来的主要原因是：学员应该具备迅速、有效地内化语料的能力。译员应能在快速、无意识的翻译与慢速、细致深入的分析之间来回穿梭——这就是说，他们不仅需要接受这两种训练，而且应该接受在这两种方法之间穿梭的训练，从无意识的翻译过渡到有意识的翻译，再从有意识的翻译过渡到无意识的翻译。无意识的翻译实际上是无数次有意识的翻译的结果，当无意识的翻译受阻时，译员必然会从无意识的"快车道"转入有意识的"慢车道"。所以，二者不可偏废。

罗宾逊的"梭子"隐喻是从织布的过程中借用过来的，尽管翻译过程与织布过程不大相同。无意识的翻译方法与有意识的分析方法之间并无太大区别，将经验性的或分析性的语料储存起来都是为了检索使用，其差别主要是：在无意识状态下，它转变成习惯，变成"第二天性"（the second nature），成为程序记忆；在分析状态下，它从习惯被带回表象记忆和审慎的、有意识的分析。

在很多方面，经验与习惯是对立的，虽然习惯来自经验。新的经验让我们惊喜，让我们摆脱习惯的窠臼，没有新经验的激发，我们的神经系统会麻木。译者需要习惯来加速翻译的进程而自得其乐，译者也需要新鲜的经验来丰富翻译活动，复杂的翻译更耐人寻味，给人更大的乐趣。变化之乐（pleasure of variety）是翻译快乐之最：在新与旧之间、熟悉与陌生之间、有意识与无意识之间、直觉与分析之间、无意识的内化与惊诧之间来回穿梭是翻译最大的快乐。

在习惯与新鲜的经验之间来回穿梭是成功、有效、快乐翻译的关键。没有习惯，生活枯燥无味，因为习惯可以用来处理生活中那些令人厌烦的小程序，让有意识的头脑做有趣的事情；没有新鲜的经验，生活也枯燥无味，因为经验带来的新奇感敦促我们去学习。

罗宾逊的"穿梭运动"模式构建在皮尔士符号学认识论的基础上。如图1（Robinson，2003：86）所示，皮尔士用认知论来解释经验与习惯的关系，即人的认识始于直觉，经过经验，形成习惯。皮尔士认为，对世间万物的理解均可使用这一模式：直觉或一般的、无关注中心的准备状态为第一性；经验或真实活动和事件从外部对个人施加的影响为第二性；习惯为第三性，它超越了第一性和第二性，将它们结合起来，变成行动，即根据经验在某种情况下采用某种方式行动。一个人出于本能可能准备行动，但那种本能的准备状态在未受到世界经验的指引时，是模糊的、没有方向的。经验强大的力量驱使人采取行动，但经验包罗万象、无影无踪，只有当行动的意愿因经验而丰富和复杂起来，经验受到行动意愿的指引和组织时，二者才能融为一体，成为习惯——一种随时准备在特定条件下做特定之事的状态。

准备行动
（第三性）
习惯

无关注中心的准备状态
（第一性）
直觉

经验
（第二性）
真实活动和事件

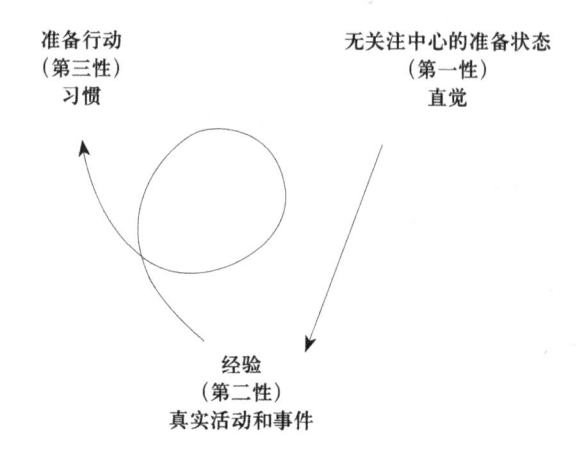

图1　皮尔士的认识论（三类范畴）：直觉、经验、习惯

罗宾逊根据皮尔士的认识论，将翻译的客观过程简述如下：译者开始工作时，出于本能，凭借直觉理解源语和译语中词语和句法的意义。在翻译过程中，译者反复对两种语言进行比较，感受词语和语言结构的异同，渐渐地，他能将解决具体问题的具体方法内化，使其或多或少成为无意识的行为模式，这有助于他迅速、有效地工作，较少停下来解决难题，因为问题和解决问题的方法已

为译者所熟知，特别是妨碍习惯形成过程的每个问题本身很快就习惯化了，译者解决问题所需的时间越来越少，处理各类源语文本越来越得心应手，直至最后他会感到自己已成为专业译员。当然，他的专业能力使其能在任何必要的时候自如地摆脱习惯的束缚，有意识地分析文本和真实世界，解决应解决的问题。

译者的经验，比他体验到的翻译行为要复杂得多。因此，罗宾逊认为，皮尔士发现的另一种三维关系对研究译者的经验十分有用。皮尔士发现归纳和演绎这两种逻辑推理方法都无法起到创新的作用，应该有一种逻辑过程，为归纳提供事实，为演绎提供一般原理。于是，皮尔士假设存在第三种逻辑推理过程，他称其为假说推理，即对未经解释或尚无法解释的现象，可通过直觉的飞跃提出假说，人的本能或直觉使他感到这种假说似乎是对的（第一性），用归纳法对假说进行检验（第二性），用演绎法将其形成规律（第三性）。

用假说推理、归纳和演绎三种方法来解释译者的经验，可以更清楚地了解译者未经训练的直觉是如何从经验变成习惯的。

译者的经验有两处始于假说推理：①最初接触外语时，为了理解口语中不懂的音或文字中不懂的书写符号的意义，随意猜测词语的意义，是一种飞跃；②最初接触源语文本时，遇到的词语有抗译性，将它们译为目标语的对等语，实现了飞跃。假说推理是一种从不知如何着手、思绪混乱、在重要的任务面前感到恐惧的状态，到最终将理解和表达中暗藏的难点译成言语的体验，以某种方式实现了飞跃。

译者在翻译时，自然会检验用假说推理解决难题的方法，将其放在很多不同的语境中用归纳法进行检验：语言学习者和翻译新手面对一大堆需要逐一处理的细节，他们处理的细节越多，处理起来就越容易。假说推理难，因为它是第一次；归纳较容易，虽然它需要研究大量似乎互不相关的译例，但翻译模式一定会渐渐浮现出来。

译者在翻译语料中发现了足够的模式或规律，便有了信心对其加以概括，这便是演绎。例如源语中的X句法结构几乎总是译为目标语中的Y句法结构等。演绎是翻译方法、原理、规则的源泉。

如图2（Robinson，2003：89）所示，三种体验即三种推理过程：假说推理的猜测、归纳的模式构建和演绎的规则、理论，引导译者（学员）形成习惯，创造一种有效的程序记忆，译者便能迅速地处理文本、社会心理信息和文化信息。

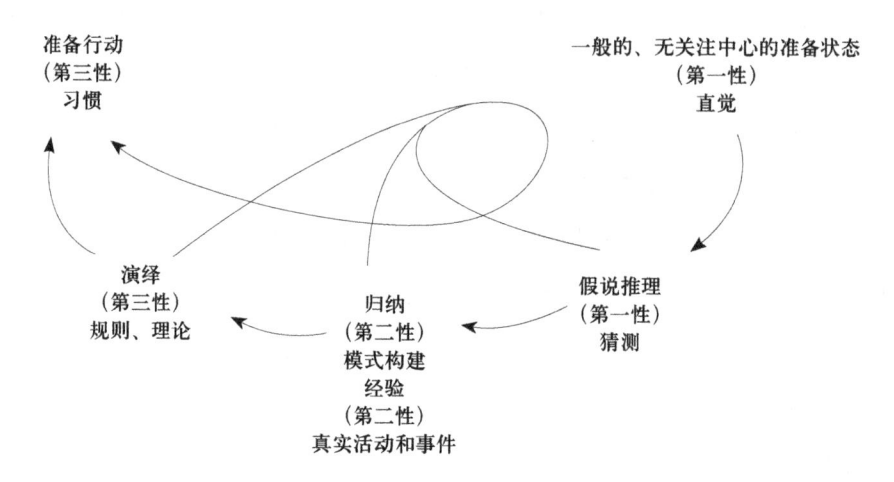

```
准备行动                          一般的、无关注中心的准备状态
（第三性）                              （第一性）
 习惯                                   直觉


    演绎                            假说推理
  （第三性）        归纳            （第一性）
 规则、理论       （第二性）            猜测
                模式构建
                 经验
                （第二性）
              真实活动和事件
```

图 2　皮尔士论翻译中的两个"三类范畴"：直觉、经验、习惯，假说推理、归纳、演绎

笔者认为，罗宾逊创建的穿梭运动模式，真实地反映了人的认知规律。笔者尤其欣赏他用皮尔士的假说推理来描述译者在翻译中遇到难题时勇于创新的心理过程。翻译是一种创造性的智力活动。创新是翻译的灵魂，是译者的使命，是译者快乐的源泉。只有不断提出假说，不断在实践中用归纳法论证假说，由此不断发现新的规律并加以演绎，译者的翻译能力才会不断提高，翻译理论才能不断发展，翻译事业才能持续繁荣。

罗宾逊对直觉→经验→习惯过程的描述，从认知的角度阐明了实践与理论的关系，有力地说明了翻译理论对翻译实践的重要性。尽管我国的翻译理论研究和应用研究取得了很大的成绩，但在涉及具体文本的翻译或教学时，"理论无用"的倾向又常常抬头。不少人仍然认为翻译只需"跟着感觉走"，这种"感觉"，想必就是直觉了。那什么是直觉呢？

根据《西方哲学英汉对照辞典》，直觉一般指心灵无需感觉刺激之助，无需先行推理或讨论，就能看见或直接领悟真理的天生能力。它是通过瞬间的洞察形成的对特殊事物的认知。"直觉知识"因此同"推理知识"区分开来。直觉可以是经验的（可感对象在心灵中的直接呈现），或者实践的（判断一个特殊情况是否符合普遍规则的直接意识），或者理智的（对共相、概念、自明真理和无法言表的对象的把握）（布宁、余纪元，2001）。人从事翻译的天生的语言能力，是与大脑语言系统密切相关的。据研究，大脑语言系统既有先天的部分，又有后天的部分。大脑语言区、它们的大神经元及其连接关系是先天的。连接神经元的小神经元，神经元的许多突触、髓鞘则是后天的，是在输入外部信息的处理过程中建立的，是在和环境交往的过程中构建的（程琪龙，2001）。可见，既然直觉这一天生能力可以是经验的、实践的、理智的，它是可以，而且应该从这三个方面学习和发展的。

我们也可以从罗宾逊的分析中认识到，直觉是天资与经验积累之和，它是变化的，而且是一定会变化的，是通过直觉→经验→习惯→（新一轮）直觉→经验→习惯的循环过程不断变化的。译者在翻译过程中常常没有意识到语言或翻译规律对自己的影响，那可能是这些规律已经内化的结果，规律内化为译者意识的一部分，就成为更敏感、认知视域更宽、更深的直觉，译者就越能无意识地按直觉或习惯工作，翻译速度就越快。但是，无意识的翻译应在有意识的"穿梭运动"中进行，无意识的翻译还有赖于有意识的、分析性的经验和对新情况的程序性处理，唯有如此，译员的水平才能提高。即使是资深译员，即使是早已将语言和文化分析的许多原则内化，并能无意识地使用这些原则的译员也要不断学习，因为新问题层出不穷，人也不可能全知全能。

2.4　以学员为中心的教学法（learner-centered pedagogy）

罗宾逊认为，以学员为中心的学习是最有效的学习。每位学习者（主要是学员，也包括教师）都有实践性的体验和自己的发现，这些体验和发现与他们从前的经验和知识密切相关。因此，教师应愿意和学员一起营造以学员为中心的学习环境。

罗宾逊强调，教师并非一切知识的源泉，而是与学员一起实践的学习者、学员学习和体验的指导者；学员并非知识或技能的被动接受者，而是主动的产出者。罗宾逊设计的练习或讨论题，均没有"答案"或"解决方案"，其目的是帮助学员运用所学知识开发有效的策略，拓宽知识面，使不同的人可以从中学到不同的内容。而且，他故意让各章节阐述的理论在讨论中受到质疑，因为他清楚：人类在未根据自己的经验检验新事物之前是不会接受新事物的。

罗宾逊认为，鉴于学员的智力和最佳摄取信息的方法有别，教师的教法也不必同一。但无论用什么方法，最重要的是实现"脑兼容"（brain compatibility），即采用适合学员大脑学习的教学法。该方法要求教师：

1）声音抑扬顿挫，手势、姿态有变化

大脑的特性是特别注意变化。变化小或无变化，大脑就处于注意力分散的状态。我们的指头要摸皮肤上的伤疤、晒斑，舌头爱舔刚拔掉了牙的牙洞，就是例证。演讲者若不改变音量、音高或节奏，站着不动，面无表情，可能会像唱催眠曲一样让听众入睡。这是生理作用。

2）有热情与责任感

大脑皮质下结构是形成思想和行为的动力。生理学知识告诉我们，情感极富传染性，这种"传染"很难克制。情感迅速从一个人传递到另一个甚至一群人的现象可以解释态度、偏见、禁忌、恐惧等情感是如何代代相传的。热情的演说者可以使听众也热情起来，毫无表情的演说者很快会让听众感到厌烦。

3）使用例证、图示、轶事

神经学的规则是：神经通路越复杂，大脑的工作越有效。突触激活序列若只经过大脑的三四个地区，而不是几百，甚至几千个地区，学习者的注意力就不集中，思维就不活跃，知识也就不增长。教师使用一成不变的教学法就会产生这样的问题。从讲话和写作的角度来看，语言越具体、越多样化，交际效果越好；用词模糊不清、泛泛而谈和单调的重复永远不如用词具体细腻、语出惊人的交际那样有趣，启发人的思维。

4）授课内容有关联性

大脑是无情的实用主义者，因为它承受着千千万万种刺激，超过了它能处理的极限。因此，它必须过滤掉与其需要无关的东西。有时，它甚至被迫将非常有趣的刺激排除在外，因为这些刺激与必须首先关照的、关联性更强的刺激相重合。

5）注意学员的大脑状态（脑波）

在接受新信息之前，我们的大脑应处于接收状态。人在生气、饥饿或担忧时，很难从事即使最简单的分析活动。一位听众喜欢一个讲座，其大脑就处于放松状态，使他很容易接受讲座中的新观点。当然，最佳接受状态是初始状态（alpha state），即放松的、梦幻一般的遐想状态。（因此，罗宾逊设计的练习用音乐和其他放松的方式使学员进入这种状态。）

6）提供多种模式的体验

人对单音传播信息（如传统的讲座）的接受与处理远远不如对多种声音（如讨论、团队教学、录音资料）传播信息的接受与处理有效。据此，利用声、光、色彩，以及各种触觉和动觉等途径一起传播信息更利于学员接受与处理信息。

为了更有效地运用"脑兼容"教学法，罗宾逊认为学员最好在小组讨论中学习，因为听教师讲的学习效果不如自己边做边学好。小组活动也应考虑大脑在什么情况下工作效率会更高。因此，他建议：

（1）讨论的内容和方式应丰富多彩。从生理角度考虑，丰富多彩使生活有情趣，事物无变化，大脑便忽视它们，学员就难以记住它们。

（2）人人都应积极参与。

（3）不设预期目标。让学员自由反复地发表自己的观点，让每位学员将自己的经验融入这种学习中。

（4）要注重关联性。小组讨论应将真实世界的情况与学员的生活联系起来才有意义。学习最好在已有知识的边缘发生。学员应不断在已知与未知之间、熟悉与陌生之间、简单与复杂之间架设桥梁。

（5）要注意心态。好教师应该了解学员学习的心态，学会了解他们只是坐在椅子上还是在学习。

（6）要有多种模式的体验。大脑要求多种模式的体验，这不只是儿童的生理需要，而且是人一生的生理需要。研究表明：只听讲座的学员，能保存20%的教学信息；看书的学员，保存30%的信息；在配有幻灯片或其他虚拟教具的环境中，既听讲又看书的学员，保存50%的信息；如果除了看和听，学员还能讨论，信息可保存70%；除了看、听、说，学员如果还能做（演出、画画或唱歌），信息便可保存 90%。

笔者认为，罗宾逊倡导的以学员为中心的教学法，将教学与人脑工作的特点紧密联系起来，重在培养学生的兴趣，激发学生的想象，帮助学生在体验中归纳翻译的规律。在他的教学方法中，人人都在体验直觉→经验→习惯的认知过程，人人都在学习如何自如地穿梭于无意识的翻译与有意识的语言和文化分析之间，人人都在心情愉快地自己建造桥梁而不是站在一旁观看他人建造桥梁，而一座座桥梁都是按社会的需求建造的。这样的建桥人，毫无疑问，是社会欢迎的。

3 结论

本文较详细地评介了罗宾逊以人为中心的翻译教学思想。笔者认为，他的教学目的是让学员作为社会存在，适应社会对译员的要求，尽快成为专业译员。他构建的"穿梭于经验与习惯之间"的教学模式，是皮尔士的哲学思想、语言学、认知语言学、心理学、文化学、社会学等理论与翻译实践结合的产物，符合人的认知规律，是一种理论联系实际的新模式。他提出的以学员为中心的教学法，强调教与学均应符合大脑工作的规律，理论基础深厚。总之，他的教学思想更清楚地阐明了翻译教学的本质，他创建的教学模式与教学方法有助于快速、有效地培养译员。因此，他的翻译教学思想对我国的翻译教学或教学翻译都有借鉴意义。

参考文献

- ROBINSON D. Becoming a translator — an introduction to the theory and practice of translation[M].2nd ed. London: Routledge，2003.
- 布宁，余纪元．西方哲学英汉对照辞典 [Z]．王柯平，等译．北京：人民出版社，2001．
- 程琪龙．认知语言学概论——语言的神经认知基础 [M]．北京：外语教学与研究出版社，2001.

- 韩子满. 翻译职业化与译员培训——罗宾逊《速成翻译教程》评介 [J]. 中国翻译，2004(3): 55-58.
- 张美芳. 从经验、文本到解构翻译概念——西方翻译教科书管窥 [J]. 解放军外国语学院学报，2001(2):12-14.

三 从小说美学的角度看《孔乙己》英译文的艺术成就 [1]

1 引言

文学翻译是审美活动，是审美主体（译者）对审美客体（原文）的审美要素进行分析、综合、转化、加工，直至完成审美再现的活动。审美再现的结果是译文。它反映了译者的审美素养与审美体验。该体验是跨文化、跨时空的。它既要如实地反映原文的审美要素，又要跨越因文化与时空的差异形成的审美障碍，使美的信息在审美再现的过程中损失最少，使译文读者获得与原文读者尽可能相似的审美享受（刘宓庆，1986）。

文学翻译批评的任务是评价译者审美再现的效果。这种评价不可能像数学一样精确，但批评者可根据美学原理及自己的审美意识与审美体验，对原文与译文的审美要素进行对比研究，认识作者与译者的审美情趣，评价译者再现原文之美的手法与功力，探索文学翻译中审美再现的规律。

在文学文本中，小说不同于诗词，其美学要素由人物、时空、情节、叙述、语言等组成（陈志平、吴功正，1997）。本文将根据小说美学的观点，对比研究鲁迅小说名篇《孔乙己》与杨宪益、戴乃迭先生所译英文的艺术成就。

---

[1] 原载《外国语》2000 年第 2 期，62—68 页。

2 原文、英译文、译者的翻译原则

《孔乙己》是中国现代小说的典范之一，具有很高的审美价值。它以高度凝练的手法，生动地描写了一个受科举制度毒害至深的文人如何沦落到完全失去人的尊严，穷困潦倒，最后被社会吞噬的悲剧。小说全文不到 3 000 字，但孔乙己那迂腐、穷酸，又不失善良、诚恳的性格却被刻画得入木三分，孔乙己的悲惨遭遇是对极端腐朽的封建教育制度、对"吃人"的封建社会的血泪控诉，震撼着每位读者的心灵。

该小说于 1919 年 3 月发表后，不仅受到国内读者的欢迎，而且引起了国际翻译界的注意。1922 年 6 月便有了日译本。1936 年 10 月，其英译本载于由埃德加·斯诺编译的《活的中国：现代中国短篇小说选》，由乔治·哈拉普公司在伦敦出版，该英译本 1937 年又由雷纳尔和希奇科克特书局在纽约出版。作为鲁迅的代表作之一，它还被译成了俄语等 10 种文字（马祖毅、任荣珍，1997）。在我国，由杨宪益、戴乃迭先生英译的 *Kong Yiji* 收入两位先生翻译的 *Lu Xun Selected Works (Vol.1)*，由外文出版社 1956 年首次出版，1980 年，该书第 2 版出版。本文所选的英译文便是 1980 年的版本。

杨宪益、戴乃迭先生均为著名翻译家，他们为介绍、传播中国丰富的文化遗产，促进中西文化交流作出了巨大贡献。在卓有成效的文学翻译实践中，他们奉行"忠实为翻译第一要义"的原则，主张以忠实的翻译"信"于某种文化精神（任生名，1993）。他们对翻译美学中的时空距离问题有独到的见解。杨宪益曾提出，翻译的基础是人性的共同性，艺术审美的超时空性和文化类同，正是这些最终消除了历史距离（任生名，1993）。杨宪益的看法是，时间并不重要。当然，若要翻译几百年前的作品，译者就得把自己置身于那一时期，设法体会当时人们所要表达的意思，然后，在翻译成英文时，再把自己放在今天读者的地位，这样才能使读者懂得那时人们的思想（任生名，1993）。

杨先生的观点，用翻译美学的原理来解释，就是译者应透彻理解不同历史时期不同民族不同的审美情趣，并努力使之融合，才能使译文忠实传达原文的意义，使译文读者获得与原文读者相似的审美享受。译者作为跨文化交际的中

介人，是原文的审美主体，其译作是译文读者的审美客体。作为原文的审美主体，他必须"入乎其中"，把自己融入原文，按作者的审美情趣去感知原文的美；但同时，他必须"出乎其外"，要理智地思考作者的审美情趣与译文读者审美情趣的异同，作者创造的美在多大程度上能为译文读者所理解、接受和欣赏，他必须尽可能缩短文化距离与审美距离，使译文读者的审美客体（译文）与原文读者的审美客体（原文）尽可能相符或相似，使译文读者获得与原文读者相似的审美享受。杨宪益、戴乃迭的这一翻译原则在《孔乙己》的英译文中得到了充分体现。

3 从小说美学角度评析英译文的艺术成就

3.1 人物

孔乙己是小说中的主要人物。鲁迅用极简洁传神的笔触，生动地勾勒出他穷困潦倒又不愿与短衣帮为伍的酸腐气。对他出场的描述便取得了形神毕肖的效果。

（1）孔乙己是站着喝酒而穿长衫的唯一的人。他身材很高大；青白脸色，皱纹间时常夹些伤痕；一部乱蓬蓬的花白的胡子。穿的虽然是长衫，可是又脏又破，似乎十多年没有补，也没有洗。他对人说话，总是满口之乎者也，教人半懂不懂的。（鲁迅，1956：16）

Kong Yiji was the only long-gowned customer who used to drink his wine standing. A big, pallid man whose wrinkled face often bore scars, he had a large, unkempt and grizzled beard. And although he wore a long gown it was dirty and tattered. It had not by the look of it been washed or mended for ten years or more. He used so many

archaisms in his speech that half of it was barely intelligible.
(Yang & Yang trans, 1980:53)

"站着喝酒而穿长衫"是孔乙己的典型特征。"站着喝酒"表明他的社会地位低下，过着贫穷的生活；"长衫"在封建社会是披在"统治者"与"劳心者"身上的一张皮。孔乙己的经济地位只属于"短衣帮"，但他仍然舍不得脱掉又脏又破的长衫。这说明他在精神上想死死地依附于这张"皮"及其代表的阶级，穷困潦倒却放不下读书人的架子，总想显示自己高人一等。"青白脸色""皱纹""乱蓬蓬的花白的胡子"极简洁地描写了孔乙己的外貌。"伤痕"直接描写了外貌，间接描写了孔乙己经常挨打的遭遇，为以后被打断腿的情节作铺垫。"似乎十多年没有补，也没有洗"直接描述了长衫，间接说明孔乙己好"喝"懒做的性格。"总是满口之乎者也"则一语道破他所受的封建主义教育如何浸透了他的灵魂。在未受过教育的短衣帮云集的酒店里，他总是讲"教人半懂不懂的"文言，难怪那股迂腐的穷酸气常使他遭人嘲笑奚落了。

译文再现了原文生动简洁的笔触：used to 译出了原文的蕴含义；pallid 译作"青白"很准确；用复数 scars 译"伤痕"很细致，表明他伤痕多，因为挨打的次数多；用 archaisms 译"之乎者也"很简洁。

鲁迅极善于以形写神。如：

（2）孔乙己便涨红了脸，额上的青筋条条绽出，争辩道，"窃书不能算偷……窃书！……读书人的事，能算偷么？"接连便是难懂的话，什么"君子固穷"，什么"者乎"之类，……（鲁迅，1956：16）

At that Kong Yiji would flush, the veins on his forehead standing out as he protested, "Taking books can't be counted as stealing ... Taking books ... for a scholar ... can't be counted as stealing." Then followed such quotations from the classics as "A gentleman keeps his integrity even in poverty." together with a spate of archaisms ...(Yang & Yang, trans, 1980:53)

"窃"和"偷"是一对同义词,属不同语域。"窃"为正式语,"偷"为一般用语或较正式用语。孔乙己用"窃书不能算偷"为自己辩白,一则表现了他的迂腐,咬文嚼字;二则表现了他的等级观念,连偷东西都分等级,读书人偷书不为偷,不读书的人或短衣帮偷书才算偷,实在可笑!偷书一事被当众揭发出来后,他的心理活动有三个层次:先是不好意思,后来又要面子不承认,接着又大言不惭地标榜自己是君子,虽穷却不失操守。寥寥几笔便层次分明地将一个深受封建教育毒害的穷知识分子的形象活生生地展现在读者面前。

译者清晰地再现了原文的层次。用 would flush 作主句中的谓语,protested 作时间状语从句中的谓语,突出了第一层次:孔乙己不好意思。在第二个层次中,译者用 take 译"窃",用 steal 译"偷"。在英语里,take 是 steal 的同义词,也有不经同意擅自利用或借用之意,极像在一定语境中,汉语的"拿"(不经同意便随意拿走)可用作"偷"的委婉语一样。虽然此处 take 与"窃"在语式(mode)的正式程度方面不符,但其委婉含义正好可以说明孔乙己故意淡化偷书行为的心态,与语旨(tenor)相符。在第三个层次中,原文在"君子固穷"后加注说明其意。"君子固穷"是孔子的话,意思是说君子能安于穷困(见《论语·卫灵公篇》)。译文则未加注释,将"君子固穷"的指称意义直接译出。这一调整说明,译者认为读者应理解的并不是这句话的出处,而是其意义及语域特征,这样才能加强读者对孔乙己浑身酸腐气的印象。在译文中,a spate of archaisms 与 quotations from the classics 浑然天成,与前文中的 half of it(指 archaism)was barely intelligible 呼应,一个总是嘴里叽里咕噜,从古文中寻章摘句、卖弄文墨的穷酸读书人的形象,跃然纸上。

3.2 时空

时空是小说中与人物关系最密切的因素。小说中的人物都是特定时空的产物。时空描写对人物起着决定性的影响（陈志平、吴功正，1997）。

《孔乙己》是一部横断面小说。鲁迅只取了较短的时间段来叙述孔乙己的一生，小说也未指出内部时间，但由于鲁迅用了高度浓缩的艺术手法巧妙地布置人物生存活动的环境，自然地引出了要写的人物，通过环境与人的关系表现了人物的境遇、地位与性格，小说的内部时间与外部时间完全吻合，读者完全能理解孔乙己的悲剧（林志浩，1988）。

鲁迅选择咸亨酒店作为特定的空间来展现人物的矛盾与冲突，是别具匠心的。酒店一般是市镇人民交际的中心区域，以此为背景描写孔乙己与周围人物的关系、描写市镇人民的社会生活，特别合适。原文的前三段是空间描写，虽不足五百字，却再现了真实世界的本质特征。如第一段：

（3）鲁镇的酒店的格局，是和别处不同的：都是当街一个曲尺形的大柜台，柜里面预备着热水，可以随时温酒。做工的人，傍午傍晚散了工，每每花四文铜钱，买一碗酒，——这是二十多年前的事，现在每碗要涨到十文，——靠柜外站着，热热的喝了休息；倘肯多花一文，便可以买一碟盐煮笋，或者茴香豆，做下酒物了，如果出到十几文，那就能买一样荤菜，但这些顾客，多是短衣帮，大抵没有这样阔绰。只有穿长衫的，才踱进店面隔壁的房子里，要酒要菜，慢慢地坐喝。（鲁迅，1956：15）

The layout of Luzhen's taverns is unique. In each, facing you as you enter, is a bar in the shape of a carpenter's square where hot water is kept ready for warming rice wine. When men come off work at midday and in the evening they spend four coppers on a bowl of wine — or so they did twenty years ago; now it costs ten — and drink this warm, standing by the bar, taking it easy. Another copper will buy a plate of salted bamboo shoots or peas flavoured with aniseed to go with the wine, while a dozen will buy a meat dish; but most of the customers here belong to the short-coated class, few of whom can afford this. As for those in long gowns, they go into the inner room to order wine and dishes and sit drinking at their leisure. (Yang & Yang, trans, 1980:52)

起句便单刀直入地说明鲁镇酒店格局与别处的不同，接着用白描的手法陈述了穿长衫的与短衣帮，坐着喝与站着喝，里间与柜台外的差别。

译文的起句用词十分精当。在译文中，unique 给人的印象是，鲁镇酒店的格局与别处的不同，酒店的环境与气氛也独一无二，正好表现了作者选取该酒店作为典型环境的匠心。"酒店"译为 tavern 给人以历史感。"曲尺形的大柜台"译为 a bar in the shape of a carpenter's square，不仅准确，而且极可能使读者联想起 the public bar 或 the private bar，缩短了译文读者与原文时空之间的距离。原文描述的鲜明的阶级对比在译文中也因用词精当而得到再现。长衫主顾（the long-gowned customers）踱进店面隔壁的房子里，要酒要菜，慢慢地坐喝（go into the inner room to order wine and dishes and sit drinking at their leisure）。短衣帮（the short-coated customers）则靠柜台站着，喝了热热的酒休息（drink this warm, standing by the bar, taking it easy）。短衣帮是劳动人民，他们下工后只能站在柜外喝碗热酒休息，轻松一下，因此用 take it easy。穿长衫的是富裕的主顾，到酒店来喝酒是为了休闲、散心，因而"慢慢地"译为 at their leisure。译者选词时对人物的社会身份、地位、生活方式与举止均考虑得细致入微，才能像作者那样以最简洁的话语，勾勒出以曲尺形柜台为界，阶级壁垒森严、令人窒息的空间。

3.3 情节

情节不等于故事，它是对故事进行安排而形成的秩序。情节的安排往往体现了作者的创作主旨与匠心（陈志平、吴功正，1997）。

鲁迅对《孔乙己》情节的安排，是以"笑"为中心串起来的几个生活细节，安排在场景［见例（4）和（5）］与概述［见例（6）和（7）］中。孔乙己的迂腐、穷酸遭人讥笑；他的纯朴善良遭人讥笑；他落第、偷书，遭人讥笑；他最后被打断了腿，只能坐在蒲包上用手"走路"，仍然遭人讥笑。笑声加强了故事的悲剧气氛。因此，"笑"在原文中与人物及时空的联系非常紧密，译文也体现了这一点。如（斜体和下画线为笔者所加，后同）：

（4）引得众人都哄笑起来；店内外充满了快活的空气。（鲁迅，1956：16）

...which soon had everybody *roaring with laughter*, enlivening the whole tavern. (Yang & Yang, trans, 1980:54)

（5）他脸上黑而且瘦，已经不成样子；穿一件破夹袄，盘着两腿，下面垫一个蒲包，用草绳在肩上挂住；见了我，又说道，"温一碗酒。"掌柜也伸出头去，一面说，"孔乙己么？你还欠十九个钱呢！"孔乙己很颓唐的仰面答道，"这……下回还清罢。这一回是现钱，酒要好。"掌柜仍然同平常一样，笑着对他说，"孔乙己，你又偷了东西了！"但他这回却不十分分辩，单说了一句"不要取笑！""取笑？要是不偷，怎么会打断腿？"孔乙己低声说道，"跌断，跌，跌……"他的眼色，很像恳求掌柜，不要再提。此时已经聚集了几个人，便和掌柜都笑了。（鲁迅，1956：18）

His face was thin and grimy — he looked a wreck. He had on a ragged lined jacket and was squatting cross-legged on a mat which was attached to his shoulders by a straw rope. When he saw me he repeated:

"Warm a bowl of wine."

At this point my boss leaned over the bar to ask, "Is that Kong Yiji? You still owe nineteen coppers."

"That...I'll settle next time." He looked up dejectedly. "Here's cash. Give me some good wine."

My boss, just as in the past, *chuckled* and said:

"Kong Yiji, you've been stealing again!"

But instead of a stout denial, the answer simply was:

"Don't joke with me."

"Joke? How did your legs get broken if you hadn't been stealing?"

"I fell," whispered Kong Yiji. "Broken them in a fall." His eyes pleaded with the boss to let the matter drop. By now several people had gathered round, and they *all laughed* with the boss. (Yang & Yang, trans, 1980:56-57)

（6）孔乙己一到店，所有喝酒的人便都看着他笑。（鲁迅，1956：16）

Whenever he came in, *everyone there would look at him and chuckle.* (Yang & Yang, trans, 1980:53)

（7）不一会，他喝完酒，便又在旁人的说笑声中，坐着用这手慢慢走去了。（鲁迅，1956：18）

Presently he finished the wine and, to the accompaniment of *taunts and laughter*, slowly pushed himself off with his hands. (Yang & Yang, trans, 1980:57)

译文与原文里的笑声十分合拍。"说笑声"译成 taunts（remarks intended to hurt sb's feelings）and laughter 尤为准确。孔乙己被"笑声"引入人们的视野，又在辱骂讥笑声中离开了人们的视野。他使鲁镇的大人小孩、短衣帮、长衫客、老板、伙计都快活，"可是没有他，别人也便这么过。"（...but we get along all right without him too.）当译文读者与原文读者一样为孔乙己的命运感到悲哀之时，也为孔乙己所处的社会感到悲哀。鲁迅对孔乙己"哀其不幸，怒其不争"的情感，自然也能为读者所领会。

3.4 叙述

叙述是小说美学的重要研究范围，具有独特的审美价值（陈志平、吴功正，1997）。

原文采用次要人物叙事的手法。"我"在原文中是个连侍候短衣帮主顾都不够资格的小伙计，作者却让他用势利的眼光看待孔乙己，用讥讽的口吻来叙述孔乙己的经历，可见，孔乙己的确已成为"社会的废物"。小伙计涉世不深，对世事尚未形成定见，因此，作者可以让他较为客观地反映孔乙己的遭遇，通过小孩子的无知及无动于衷的口吻，更深刻地表现孔乙己的潦倒及社会的冷漠（林志浩，1988）。

原文还采用了概述与场景相结合的叙事方式。既有场景的直观具体，给读者带来身临其境的真实感［如例（2）］，又有"我"的概述，向读者提供人物的间接经历，使叙述高度简约化（林志浩，1988）。例如：

（8）听人家背地里谈论，孔乙己原来也读过书，但终于没有进学，又不会营生；于是愈过愈穷，弄到将要讨饭了。幸而写得一笔好字，便替人家钞钞［抄抄］书，换一碗饭吃。可惜他又有一样坏脾气，便是好喝懒做。坐不到几天，便连人和书籍纸张笔砚，一齐失踪。如是几次，叫他钞［抄］书的人也没有了。孔乙己没有法，便免不了偶然做些偷窃的事。（鲁迅，1956：16）

From the gossip that I heard, it seemed that Kong Yiji had studied the classics but never passed the official examinations and, not knowing any way to make a living, he had grown steadily poorer until he was almost reduced to beggary. Luckily he was a good calligrapher and could find enough copying work to fill his rice bowl. But unfortunately he had his failings too: laziness and a love of tippling. So after a few days he would disappear, taking with him books, paper, brushes and inkstone. And after this had happened several times, people stopped employing him as a copyist. Then all he could do was resort to occasional pilfering. (Yang & Yang, trans, 1980:54)

原文以简洁的语言将孔乙己的经历、秉性、生活披露无遗，译文亦然。"没有进学"的译文如实传达了原文的历史感。"幸而写得一笔好字，便替人家钞钞［抄抄］书，换一碗饭吃"的译文生动形象。"好喝懒做"是"好吃懒做"的变异，孔乙己爱喝酒，但"懒"是孔乙己主要的性格特征之一，因而"laziness"放在前面。"坐"指坐着抄书，"一齐失踪"在此语境中指孔乙己趁主人不注意便将文房四宝连同书籍一并拿走变卖，因为他"懒"得整日坐着写。这一行为无异于偷。在前文的场景中，孔乙己争辩说"窃书不能算偷"，因此译文"So after a few days he would disappear, taking with him books, paper, brushes and inkstone."寓谐于庄，不仅语义连贯，而且符合孔乙己的性格。"偶然做些偷窃的事"的译法也与人物的性格一致。"偷窃"是个大词，但孔乙己这个文弱书生为了求生存只是小偷小摸，所以，pilfer是准确的。而resort to很容易让读者联想起短语 as a last resort，能让读者明白孔乙己穷得走投无路，才将小偷小摸作为求生的最后一招。孔乙己这个特殊顾客的形象，经过简约、凝练的概述，便深深留在读者的脑海中了。

3.5 语言

语言是小说的根本要素。小说的全部内容及形式都靠语言来构筑（陈志平、吴功正，1997）。译者应跨越语言与文化的差异，尽最大的努力使译文的语言艺术世界与原文的语言艺术世界相契合。

杨宪益、戴乃迭实现了这种契合。他们选词精当，使原文信息在译文中得到忠实再现，原文的生动形象能移植进译文中。他们还调整了语篇布局。原文的对话与叙述夹在一起，译文将重要场景的对话另起一段，不仅使译文具备原文独幕剧似的风格，而且突出了人物的形象与人物之间的关系，如例（5）。

他们像鲁迅一样，着意使人物的语言符合其身份、性格及社会地位。孔乙己刚出场时，显然还有几文钱，可以不理他人取笑，"排出九文大钱"（...he would *lay* nine coppers on the bar ... ）显示读书人的风度。当他最后一次到酒店时，已成为一个废人，虽然还欠掌柜的十九个铜板，但那次喝酒他仍然用现钱，"他从破衣袋里摸出四文大钱"（He *produced* four coppers from his ragged coat pocket ... ）。孔乙己至死都证明，他品行比别人都好。

文化词语的处理是汉译英的难题。对此，杨宪益认为（任生名，1993），意义是文化中的意义，当出现超语言信息差别时，要在翻译中把一种文化中的意义传达出来是不可能的。如果不顾及这种不可能性，忽视超语言信息的差别，就会使翻译不忠实，造成误解。这可以称作翻译中文化的痛苦。为此，译者在翻译中肯定会牺牲一些原文的意思（任生名，1993）。例如：

（9）他从破衣袋里摸出四文大钱，放在我手里，见他满手是泥，原来他便用这手走来的。不一会，他喝完酒，便又在旁人的说笑声中，坐着用这手慢慢走去了。（鲁迅，1956：18）

He produced four coppers from his ragged coat

pocket, and as he placed them in my hand I saw that his own hands were covered with mud—*he must have crawled there on them*. Presently, he finished the wine and, to the accompaniment of taunts and laughter, *slowly pushed himself off with his hands*. (Yang & Yang, trans, 1980:57)

原文中的"走"与"手"搭配，是作者有意为之，以突出孔乙己的悲惨境遇和作者的悲情。可能杨宪益、戴乃迭认为，原文蕴含的超语言信息不宜以常用的直译方法处理，否则难以为译文读者接受，影响译语的美感。此译文非常贴切，因为用"手"走路，其实是"爬"或"挪"，可见译者们是多么细致地观察了这类残疾人"行走"的方式。又如：

（10）因为他姓孔，别人便从描红纸上的"上大人孔乙己"这半懂不懂的话里，替他取下一个绰号，叫作孔乙己。（鲁迅，1956：16）

And as his surname was Kong, he was given the nickname Kong Yiji from kong, yi, ji, the first three characters in the old-fashioned children's copybook. (Yang & Yang, trans, 1980:53)

译文略去"上大人"与"这半懂不懂的话"，将"描红纸"的功能译出来，使译文读者获得了最重要的信息。

笔者认为，个别译文处理似乎欠妥。如最后两段：

（11）自此以后，又长久没有看见孔乙己。到了年关，掌柜取下粉板说，"孔乙己还欠十九个钱呢！"到第二年的端午，又说"孔乙己还欠十九个钱呢！"到中秋可是没有说，再到年关也没有看见他。

我到现在终于没有见——大约孔乙己的确死了。（鲁迅，1956：18）

A long time went by after that without our seeing Kong Yiji again. At the end of the year, when the boss took down the tally-board he said, "Kong Yiji still owes nineteen coppers." At the Dragon-Boat Festival the next year he said the same thing again. But when the Mid-Autumn Festival arrived he was silent on the subject, and another New Year came round without our seeing any more of Kong Yiji.

Nor have I ever seen him since — no doubt Kong Yiji really is dead. (Yang & Yang, trans, 1980:57)

孔乙己长久未到酒店里来，只有掌柜还记着他，因为他欠的账还记在粉板上。作者的心情是沉重的，他怒其不争，更哀其不幸。他要借"我"的口道尽世间冷漠，所以，一唱三叹，反复叙述掌柜逢年过节结账时提到孔乙己的情景，多年以后，"我"还是未见到孔乙己，但"我"仍然用揣测的口吻说"大约孔乙己的确死了"。让读者去想象孔乙己悲惨的结局及其社会根源，憎恨"吃人"的封建社会。

译文用了 no doubt，语气非常肯定，明显与原文语义不符，何不用 may be 呢？也许是疏忽吧！

4 结语

从以上对比研究中可以看出，杨宪益、戴乃迭先生的英译文 *Kong Yiji* 取得了很高的艺术成就。他们能透彻理解鲁迅的审美情趣，又能准确预测译文读者的审美情趣，以及读者接受审美客体的方式，成功地将其融合在他们的审美体验中，这一审美再现的结果便是"信"于原文，获得与原文艺术世界高度和谐统一的译文。它让鲁迅的小说《孔乙己》跨越了时空，为英语世界的读者所接受，所欣赏。

参考文献

- LU X. Kong Yiji[M]// Yang X Y, Yang G. Trans. Lu Xun selected works. Vol. 1. Beijing: Foreign Languages Press, 1980: 52-57.
- 陈志平，吴功正. 小说美学 [M]. 北京：东方出版社，1997.
- 林志浩. 鲁迅研究 [M]. 北京：中国人民大学出版社，1988.
- 刘宓庆. 翻译美学基本理论构想 [J]. 中国翻译，1986(4):19-24.
- 鲁迅. 孔乙己 [M]// 鲁迅. 鲁迅选集第一卷. 北京：中国青年出版社，1956: 15-18.
- 马祖毅，任荣珍. 汉籍外译史 [M]. 武汉：湖北教育出版社，1997.
- 任生名. 杨宪益的文学翻译思想散记 [J]. 中国翻译，1993(4):33-35.

四 移植形式 妙手天成
——评江枫译诗《雪夜林边》[1]

1 引言

诗歌形式是诗歌文本区别于其他文本最重要的特征之一，是诗之所以为诗的标记。诗歌形式承载的意义是诗歌内容的重要补充，是表现诗歌的美学功能和表情功能不可或缺的因素。因此，研究诗歌文本的形式意义，是理解和欣赏诗歌翻译不可缺少的环节。本文拟研究美国现代主义诗人罗伯特·弗罗斯特最著名的诗作之一 Stopping by Woods on a Snowy Evening 的形式特征和江枫先生将其移植到译诗《雪夜林边》的方法，以期获得形式移植的一些启示。

Stopping by Woods on a Snowy Evening 不仅是弗罗斯特最著名的格律诗之一，也是英语抒情诗中的名篇，是美国文学宝库中的珍品。我国的翻译家与文学家对该诗的研究和译介成果十分丰富，但多为对诗中的象征主义、明喻和暗喻及其在译文中的体现的理解和欣赏，较少有人系统地研究原诗的形式特征及其在译文中的移植。因此，笔者拟从形式移植的角度研究原诗的特征及其在译文中的再现。

《雪夜林边》的译者江枫是我国著名的诗歌翻译家，其译作《雪莱诗选》和《狄金森诗选》因形神兼备而受到我国诗歌爱好者的喜爱。他对英诗汉译有深刻的体会和独到的见解，力求译诗形神兼备，特别强调"形似"。江枫（江枫、

---

[1] 原载《解放军外国语学院学报》2006年第5期，64—68页。

许钧，2001）认为，写诗可以放纵灵感、别出心裁，译诗却必须受原作的严格制约。这里的"严格制约"，指的是原作形式的制约。在江枫（江枫、许钧，2001：118）看来，和诗的内容高度一致的形式，是使一首诗得以把构思物化成为审美客体的全部语言材料，特别是语言的结构和具有造型功能的修辞手段。也就是说，"形式"是"构思"的物化手段，是诗歌作为审美客体不可或缺的修辞手段。江枫（江枫、许钧，2001：119，121）还认为，在多数情况下形式就是内容，载体就是信息，这一点在现当代诗歌中表现得尤为明显，一首诗赖以存在的全部语言材料全都属于诗歌形式的范畴，都应该在翻译中尽可能加以再现或移植。

江先生将一首诗赖以存在的全部语言材料都置于诗歌形式的范畴中，以下研究也力图涵盖原诗和译诗的各个组成部分，从意象移植、结构移植和韵律移植三方面进行分析，然后讨论形式移植和意境再现的关系。先看原诗和译诗。

2 原诗和译诗分析

Stopping by Woods on a Snowy Evening

Whose woods these are I think I know.　　[ou]　　A
• — • — • — • —

His house is in the village though;　　[ou]　　A
• — • — • — • —

He will not see me stopping here　　[iə]　　B
• — • — • — • —

To watch his woods fill up with snow.　　[ou]　　A
• — • — • — • —

My little horse must think it queer　　[iə]　　B
• — • — • — • —

To stop without a farmhouse near	[iə]	B

● — ● — ● — ● —

Between the woods and frozen lake	[ei]	C

● — ● — ● — ● —

The darkest evening of the year.	[iə]	B

● — ● — ● — ● —

He gives his harness bells a shake	[ei]	C

● — ● — ● — ● —

To ask if there is some mistake.	[ei]	C

● — ● — ● — ● —

The only other sound's the sweep	[i:]	D

● — ● — ● — ● —

Of easy wind and downy flake.	[ei]	C

● — ● — ● — ● —

The woods are lovely, dark and deep.	[i:]	D

● — ● — ● — ● —

But I have promises to keep,	[i:]	D

● — ● — ● — ● —

And miles to go before I sleep,	[i:]	D

● — ● — ● — ● —

And miles to go before I sleep.	[i:]	D

● — ● — ● — ● —

(Ciardi[1], 1968:358)

1　约翰·恰尔迪（John Ciardi, 1916—1986）是意大利裔美国诗人、批评家、翻译家和青少年文学作家，创作多部诗歌集（笔者译自 Ciardi, 1968）。

四　移植形式　妙手天成 —— 评江枫译诗《雪夜林边》

雪夜林边

这是｜谁的｜树林｜我想｜我清楚，	chǔ	仄	A
他家｜就在｜那边｜村子里边｜住。	zhù	仄	A
他不会｜看见｜我｜在这里｜停下来，	lái	平	B
观赏｜白雪｜覆盖住｜他的｜林木。	mù	仄	A
我的｜小马，一定｜觉得｜奇怪，	guài	仄	B
在这｜一年｜最黑的｜一个｜黑夜，	yè	仄	C
在树林｜和｜封冻的｜湖泊｜之间，	jiān	平	D
停在｜近处｜不见｜农舍的｜野外。	wài	仄	B
他｜抖了｜一抖｜挽具上的｜铃串，	chuàn	仄	E
问｜是否｜有什么｜差错｜出现，	xiàn	仄	D
仅有的｜音响，只是｜轻风｜一阵，	zhèn	仄	F
和｜白絮般｜飘飘｜落下的｜雪片。	piàn	仄	D
这｜树林｜可爱、阴暗、幽深，	shēn	平	F
但是｜我有｜约定的｜事｜要完成。	chéng	平	F
睡前，还要｜再赶｜几里｜路程。	chéng	平	F
睡前，还要｜再赶｜几里｜路程。	chéng	平	F

（江枫，1986：117）

3 形式移植

3.1 意象移植

客观物象，经过诗人的感知和认知，必然被赋予"意"，这种"意"与"象"的结合就是意象。意象是诗歌抒情言志的最小语言单位，是营造诗歌意境的重要构件。可以说，没有意象，就没有诗。

弗罗斯特善于用普通人的语言写景抒情，这首诗也不例外。原诗的"象"，取自新英格兰乡村极平常的"物"，它们都是比喻。这类语言形象，在江枫看来，在翻译中是不能改动的。这些物象，在中国文化中都存在，也是极平常的"物"。意象的象征意义，即"象外之象"，在中美文化中也非常相似。因此，用直译法移植这些物象是最佳方法。江先生用直译法如实地、准确地再现了原诗的意象：woods → 树林, snowy evening → 雪夜, village → 村子, little horse → 小马, farmhouse → 农舍, the darkest evening → 最黑的一个黑夜, frozen lake → 封冻的湖泊, harness bells → 挽具上的铃串, sweep of easy wind → 轻风一阵, sleep → 睡。只有 downy flake 结合语境意译为"白絮般飘飘落下的雪片"。

3.2 结构移植

弗罗斯特进行诗歌创作时，乐于用旧形式表达新内容，在结构严密的限制中显示出非凡的诗才。这首诗是一首 4 音步诗（tetrameter），采用抑扬格（iambic），由结构几乎完全相同的 4 个小节组成，每小节 4 行，每行都有 8 个音节，呈"轻重轻重"的节奏。诗的结构平稳，有助于表达诗中人物比较平稳的心态。

江枫的译诗几乎将原诗的结构完整地移植了过来。译诗有 4 个小节，16 行，小节之间分开，除第 1 小节第 3 行和第 3 小节第 3 行有 13 个字以外，其余每行 12 个字（标点算 1 个字，因为它有停顿），可大致分为 5 组词，相当于每行有 5 个音步。虽然比原诗每行多 1 个音步，但译诗每行的音步相等，节奏相当，也就非常接近原诗的结构了。

3.3 韵律移植

英语是一种不便押韵的语言。许多英美诗人不追求韵式，因为当他们苦苦思索韵式的构建方法时，灵感的火花可能就熄灭了。而且，英美读者对韵脚引起的联想意义也不太感兴趣。所以，用韵对英美诗人而言是一种游戏，且是难以操作的一种游戏。但它有趣，其趣味在于它为诗人设置了许多障碍，然后促使诗人用技巧跨越这些障碍，给诗人带来冲破樊篱、获得自由的快感。这种自由在弗罗斯特看来，如同"带着挽具轻松自如地活动"（Ciardi，1968：366）。

弗罗斯特创作诗歌，最注重使用常用词语和韵律。用英语写一段每行 4 音步的 4 行诗，往往按 ABAB 的韵式，即第 3 行与第 1 行押尾韵，第 4 行与第 2 行押尾韵。然而，在这首诗中，弗罗斯特玩了一个让世人惊叹的游戏：他不仅让每段的 3 行押尾韵，而且决心冒一下险，押双重韵。英语每段 4 行中有 3 行押韵已经非常困难，完全没有必要让第 4 行也押韵，然而弗罗斯特竟然将松散的音韵组合成一体，使得难以实现的 4 行诗押同一尾韵，创造了音韵的奇迹！

美国著名诗人约翰·恰尔迪（Ciardi，1968：367-368）是这样评价这首诗的韵律特征的：这首诗的韵式为 AABA, BBCB, CCDC, DDDD。它们清清爽爽、朗朗上口，毫不矫揉造作，每个词、每一韵极自然，极妥帖，好像它们天生就应该这样组合，丝毫不束缚诗人对词语表意的选择。连弗罗斯特本人都不可能料想到最后一行的重复造成了多么惊人的效果。他自己甚至并不觉得第 4 行是重复，他只感到自己遇到始料未及的困难，应该即兴解决它。他将第 1 段第 3 行的韵转到第 2 段，就像每一段的第 3 行伸出一个钩子让下一段的第 1 行挂上，创造了一种连续的链接形式，因此，到了第 4 段，他感到诗应该结束了。于是，他将钩子收了回来，押了全韵。

弗罗斯特创造的这种几乎难以重复的韵式获得了巨大成功。译者若想用汉语再现这一韵式，则困难重重，因为汉语语音系统与英语语音系统完全不同，兼顾韵式的移植与情思的移植，需要非凡的诗情与才能。笔者曾将几种精彩的译文做过比较，感到江先生的移植手法最佳。他的韵式为 AABA, BCDB, EDFD, FFFF。虽未能与原诗完全一致，但也基本能使每一段伸出一个钩子让下一段挂上。如："停下来（lái）"，（让小马觉得）"奇怪（guài）"；（停）"在树林和封冻的湖泊之间（jiān）"，（使小马感到疑惑）"问是否有什么差错出现（xiàn）"。当然，最妙的还是"仅有的音响，只是轻风一阵（zhèn）"和"这树林可爱、阴暗、幽深（shēn）"押韵，接下来 3 行的尾韵是"成（chéng）""程（chéng）""程（chéng）"。它们不仅和原诗的韵式完全一致，而且有效地烘托了译诗氛围和"我"感情的变化。

第 1 小节押姑苏韵 [u][1]，属弱韵，声音细微窄小，饱含低沉的感情，正好表现"我"在雪夜不愿去农舍而在树林边停下的烦闷心情。第 2 小节押怀来韵 [ai]，声音比较柔和，表现了"我"和小马无言的交流，气氛比较轻松。第 3 小节押响亮的言前韵 [an]，但韵式不齐，因为这一小节有铃串的响声、小马的问话和自然的轻风作答。最后一小节押人辰韵 [en]，[en] 和 [eng] 是通韵，由于每行押韵，又称连珠韵，加之它是平声韵，声音响亮，有昂扬、豪壮的意味。可理解为："我"的决心已下，这树林的确是很好的长眠之处，是人必然的归属，但"我"还要履行自己的社会责任，还不能就此安息。

汉语的尾韵，还讲究平仄。译文第 1 小节和第 2 小节的尾韵，平仄交错，第 3 小节和第 4 小节的尾韵，平仄相重，既有声调高低的变化，也有声音圆润、和谐的统一。

从以上分析可以看出，译诗音韵的效果和传情言志的功能，不仅和原诗非常相似，而且有其独特的韵味。

笔者还注意到，为了押韵，译者调整了原诗的语序，将"睡前"移到行首，这恰好表现了"我"对死亡的达观态度："我"总会告别人世，但不是此刻，（"我"）"还要再赶几里路程"。一个"赶"字，让"我"的形象顿时高大、丰满起来。

4 形式移植与意境再现

意象、结构和韵律融合成一体，便是诗的情思，也就是意境。意境不是诗歌中各种语言形式的简单叠加，而是各种语言形式融合在一起产生的言外之意，是诗人的情思激发读者思考的结果。为了透彻理解文本体现的诗人的情思，读者 / 译者应该了解与文本生成密切相关的因素，主要是诗人在什么情况下，为何用这样的语言形式表达这样的情感。

据恰尔迪（Ciardi, 1968：369）回忆，弗罗斯特先生经常与人讨论这首

---

1 有关汉语韵撤的术语及其象征意义，参照刘英凯（1998）。

诗，当被问及这首诗的创作过程时，他常说，诗兴来了，一挥而就，就成了。事实是：一天，弗罗斯特用完晚餐就坐下来构思一首长篇无韵诗，未能成功，但他一直沉浸在那首诗的创作中，待他抬起头来望望窗外，发现天已破晓，他起身走到窗口朝外看了一会儿，就在这时，*Stopping by Woods on a Snowy Evening* 翩然而至，他只需回到桌边，将这首诗写下来。弗罗斯特是位写诗不留痕迹的诗人，他不愿留下任何未完成的诗稿。因此，无人知晓那首长诗的哪一部分让他如此全神贯注，但可以断定，那一部分一定是这首诗的萌芽，一定是他酝酿了一整夜又苦于找不到匹配的形式来表达的诗情。当他换一种思路时，满腹诗情便顷刻间迸发出来，注入这新的形式，一首绝佳的英语抒情诗就这样诞生了。

恰尔迪（Ciardi, 1968：364）还回忆到，许多人问过弗罗斯特这首诗的象征意义，特别是他为何要重复 "miles to go" 和 "sleep"。当他第一次用 "And miles to go before I sleep" 时，意义非常明确，指"今晚睡觉前，我要走很长的路"。但它们一经重复，便具有了象征意义。弗罗斯特总是回避这个问题。恰尔迪认为，弗罗斯特回避它，是因为他也不能回答这个问题，他至多只能给出部分答案，但部分答案是不够的。

于是，弗罗斯特给读者留下了巨大的想象空间，让读者用自己的方式解读这首诗隐含的象征意义。这正好符合阐释学的观点：文本的意义是开放的，它存在于读者对文本的理解之中。

恰尔迪对象征的解释十分生动。他说："象征就像一块石头落入池塘：它在四周泛起涟漪，涟漪不断扩散。谁知道最后一圈涟漪将在何处消失！可能有人以为他知道涟漪大致的中心，即石头落水之处。然而，即使如此，也不容易做出准确的判断。人何以能在水上做记号呢？……涟漪不停地在湖面扩散开去，水面的光线不停地变化。观察水面的时间愈久，见到的变化就愈大。这种瞬间的存在与变化是诗歌的火花与生命。人就像体验生活一样体验它。他每体验一次，就有新收获；他只要注视，就能看到变化。理解了这种流动的持续性，就学到一种基础知识，学到认识世界的一种基本方式，这种知识只有艺术才能传授，而诗歌，便是这种最重要的艺术。"（Ciardi, 1968：364-365）

这首诗的象征意义显而易见，但它是开放的。既然文本的象征意义是开放的,既然弗罗斯特擅长含而不露的写作风格,既然译者无法了解诗人创作的初衷,无法根据他的意图再创造一个诗歌文本,那么,模仿原诗的形式特征,尽可能在译诗中保留这些特征,便不失为译者的最佳选择。

这正是江先生的选择。他的形式移植,妙手天成。译诗中那原汁原味的意象、极其相似的结构、相近而更富有变化的音韵逼真地再现了原诗的意境。他的译诗具备相应的朴素美、形式美、格律美和音乐美,从而给读者留下了广阔的空间去想象,去解读诗歌、解读人生。

5 两点思考

5.1 形式移植不是机械的形式对应

形式移植不是机械的形式对应。如前所述,弗罗斯特酝酿了一整夜,虽有满腹诗情却难以找到匹配的形式来表达,最后,灵感一来,才把长篇无韵诗改为只有16行的格律诗。可见,这首诗的形式虽然是神来之笔,却是经过了深思熟虑的。江先生笃信,一首诗赖以存在的全部语言材料全都属于诗歌形式的范畴,都应该在翻译中尽可能加以再现或移植(江枫、许钧,2001:121),这无疑增加了形式移植的难度。因此,熟悉弗罗斯特创作风格的他极可能要经历这样的译诗过程:反复揣摩和研究原诗的全部语言特征、各种特征之间的关系及其含义,达到与弗罗斯特心灵的契合,直到诗神缪斯也为他的心灵所感动,也来到他的窗前,看着他用与英语迥然不同的汉语形式,物化弗罗斯特的情思。所以,形式移植的成功,是心灵契合的结果。

由于语言的差异,形式移植只能做到"尽可能",在移植"不可能"或移植效果影响表意的情况下,译者不能强行移植。前文已经提到,江先生在翻译最后两行时,为了押韵将"睡前"移到行首,调整了原诗的语序,表现了"我"对死亡的达观态度。"睡前"后还加了逗号,这一短短的停顿,意味深长。"我"的从容不迫与超然物外,尽在其中。此外,对题目的翻译省略了"stopping",译为"雪夜林边"。笔者认为这一译文比"雪夜林边暂驻"好。"雪夜林边"更能激发读者思考,更有助于表现诗中弥漫着的那种捉摸不定的、神秘的情思。

所以，成功的形式移植，是成功的直译和意译的结合。

5.2　形式移植不是诗歌翻译的唯一途径

在江先生看来，诗歌文本的全部语言成分都应归于形式。那么诗歌翻译，就只能是形式移植，不同的译本也不过是移植的程度不同。然若将诗歌文本分为密切相关的形式和内容（神韵）两部分，形式移植就不是诗歌翻译的唯一途径了。翁显良先生（1985）就认为古诗英译可以冲破形式的束缚，着重再现原诗的神韵。他的不少译诗也受到读者喜爱。多种不同风格、不同形式的译本共存，有利于展现诗歌译者的诗才，繁荣诗歌翻译事业，使诗歌爱好者领略更加绚丽多彩的诗歌世界。

6　结语

作为一名诗歌爱好者，笔者尝试通过上述研究，学习如何展开想象的翅膀读诗，通过解释诗歌的表意方式走近诗歌。

"诗就是在翻译中失去的那种东西"（江枫、许钧，2001：114），这是弗罗斯特的名言，在翻译界广为流传。但他对诗歌可译性的否定反而增强了诗歌翻译家强烈的使命感，激发了他们挑战极限的勇气，他们坚信并实践着王佐良先生（Wang，1991：112）的名言："诗可能在翻译中失去，但新诗会在翻译中诞生，同时带来一个更精彩的世界。"江枫先生就是这样一位热忱的、乐于带着挽具跳舞并且舞出了原诗神韵的翻译家。倘若弗罗斯特先生还健在，看到"新英格兰"的《雪夜林边》和他的其他诗作移植到了中国，看到无数外国诗歌在中国获得新的生命，他很可能会收回之前说的话，因为他会为中国翻译家妙手天成的译艺折服，会被中国这个诗的国度和诗歌的精彩世界感动。

参考文献

- CIARDI J.Robert Frost: the way to the poem[C]//JOHN E et al. Advanced composition: a book of models for writing. 2nd ed. New York: Harcourt Brace Jovanovich, Inc., 1968: 357-373.
- WANG Z L. A sense of beginning: studies in literature and translation[M].Beijing: Foreign Language Teaching and Research Press, 1991.
- 江枫. 美国现代诗钞[M]. 西宁：青海人民出版社，1986.
- 江枫，许钧. 形神兼备：诗歌翻译的一种追求[C]// 许钧，等. 文学翻译的理论与实践——翻译对话录. 南京：译林出版社，2001: 113-128.
- 刘英凯. 英汉语音修辞[M]. 广州：广东高等教育出版社，1998.
- 翁显良. 古诗英译[M]. 北京：北京出版社，1985.

五 难忘的历程
——《红楼梦》英译事业的描写性研究[1]

1 翻译批评新视角：多元系统理论与描写性翻译研究

目前国内翻译批评的典型特征表现为方法论的单一性。规定性的"标准—分析—结论"模式占主导地位。规定性翻译批评对翻译作品的共时性评价是适用和有效的，但如果要对遥远时代产生的翻译作品或同一文学作品在不同历史时期的不同译本进行研究，它的局限性便会凸显出来。描写性翻译批评则能有效地弥补这一局限。描写性翻译批评方法源于特拉维夫大学学派的多元系统理论。该理论由 Itamar Even-Zohar 于 20 世纪 70 年代提出。自 20 世纪 80 年代到 90 年代，他的同事 Gideon Toury 又发展了其理论，提出描写性的翻译研究方法论。该方法论将翻译结果视为既成事实，追寻影响翻译过程的社会历史因素以及翻译作品在译语文学多元系统中的功能和地位，并对此进行"全面历时性描述"（comprehensive diachronic description）。这一描写性的方法适用于对多年前产生的翻译文学或是不同历史条件下产生的同一文学作品的不同译本开展的研究。它能有效地避免评论者自身所处历史时期的审美期望产生的干扰，真正昭示每一种翻译文学的特征和价值，因此，在不同的历史时期产生了九种译本的《红楼梦》英译事业十分适合采用这种研究方法。从另一个意义上来说，这

---

[1] 原载《中国翻译》2003 年第 5 期，46—52 页，作者为陈宏薇、江帆。

一伟大的翻译事业也为描写性翻译批评方法论提供了珍贵的个案。

2 《红楼梦》英译事业的描写性研究

2.1 对《红楼梦》英译事业进行描写性研究的必要性

《红楼梦》被公认为中国古典小说史上的巅峰之作。1830年至2001年出现了九种英译本，成为中国文学英译史上一处独特而灿烂的风景。这些译本产生于不同的历史时期，打上了鲜明的时代烙印。译本之间差异很大，有些差异源于译者对原文的理解不同，有些源于特定历史因素对译者的意图和倾向造成的影响不同。很明显，今天如果对这些译本进行评论，不能只用某一翻译标准对其进行规定性的褒贬，否则绝大多数译本的历史价值都会被一笔抹杀。我们应该对每种译本的特征及其产生的原因进行比较全面的历时性描述，以真正了解《红楼梦》英译事业的伟大意义。

2.2 《红楼梦》英译事业的描写性研究

《红楼梦》英译事业的描写性研究分为三个部分。第一部分以表格形式简要介绍《红楼梦》的九种英译版本。第二部分是对译本比较全面的历时性描述。我们将《红楼梦》的英译历程分为三个历史时期，根据不同时期译本的特征，考证特定历史背景中译者的意图，不同历史时期《红楼梦》英译本在英美文化多元系统中不同的地位及功能，以及特定历史条件下中国文学英译的规范与倾向。第三部分是作者在历时性描述的基础上总结出来的《红楼梦》英译历程的发展脉络。

2.2.1 《红楼梦》九种英译本简介

表1 《红楼梦》九种英译本简介

简介分项	译本1	译本2	译本3	译本4	译本5	译本6	译本7	译本8	译本9
出版年代	1830	1846	1868—1869	1892—1893	1927	1929、1958	1958	1973—1980 (Vol. 1、2、3) 1982—1986 (Vol. 4、5)	1978（再版：1994、2001）
译者	John Francis Davis	Robert Thom	E.C. Bowra	H. Bencraft Joly	王良志	王际真	Florence McHugh & Isabel McHugh	David Hawkes & John Minford	杨宪益 戴乃迭
译者身份	英国驻华公使及香港第二任总督	英国驻宁波领事	海关税务司	英国驻澳门副领事	纽约大学中国古典文学教师	哥伦比亚大学中文教授	翻译家	英国汉学家、翻译家	中国著名翻译家
译文标题	Chinese Poetry	Dream of Red Chamber	Dream of Red Chamber	Dream of Red Chamber	Dream of the Red Chamber	Dream of Red Chamber	The Dream of Red Chamber	The Story of the Stone	A Dream of Red Mansions
译文内容	第三回片段	第六回片段	前八回	第一回至第五十六回	节译全书，以宝黛爱情为主	节译全书，以宝黛爱情为主	节译全书	全译所有内容	全译所有内容
译文篇幅		27页		两卷，分别为378页和583页	九十五回，约60万字	第一版：三十九回，371页 第二版：六十回	582页	5卷	3卷
发表或出版情况	登载于英国《皇家亚洲学会会刊》(Royal Asiatic Transactions)	登载于《官话汇编》(The Chinese Speaker)	连载于《中国杂志》(China Magazine)	Kelly & Walsh Ltd 出版单行本	单行本	Doubleday Doran Co. 和 Routledge Ltd 出版单行本	Routledge & Kegan Paul 出版单行本	Penguin Group 出版单行本	外文出版社出版单行本
附加部分						两版分别由汉学家作序，序言后有原著简介绍及凡例		每卷均有长篇序言及多种附录	有长篇出版社说明及注释

第一部分　教学理念与译评

2.2.2 《红楼梦》英译历程的历时性描述（见表1）

1）第一阶段：1830—1893

这一历史时期有四种《红楼梦》英译本：Davis译本、Thom译本、Bowra译本及Joly译本。

中英之间的文化交流在19世纪得到空前迅速的发展，但这一交流并非平衡互动的行为。19世纪中叶以后，政治、经济、军事以及国际声望的全面衰退已成为中国封建社会不可逆转的命运，旧的中国文化体系面临空前危机。与此形成鲜明对照的是，英国的综合国力在19世纪达到巅峰状态，英国试图凭借坚船利炮将"日不落帝国"的疆域扩展到全世界。两次鸦片战争之后，两国的国力更有天渊之别。在这样的历史条件之下，英译中国文学在英语文化的文学多元系统中处于边缘状态。因此，这一历史时期《红楼梦》的四种译本具有以下特征：

（1）翻译的目的是提供语言资料

在四位译者中，Davis是英国皇家学会会员，Thom、Bowra、Joly均为英国驻华外交官。Davis因其特殊身份对亚洲文化产生兴趣。其他三位希望在华外国人能够通过阅读《红楼梦》译本更好地掌握汉语，他们英译《红楼梦》的主要目的是给在华外国居民提供学习汉语的教材。Thom的译文登载于《官话汇编》，而Bowra的译文登载于《中国杂志》，这两种期刊都是汉语学习者的教科书。Joly的译本达到这一时期《红楼梦》英译的顶峰，但其翻译目的与Thom和Bowra并无区别。在译本前言中，他清楚地表明，若这个译本对现在和将来学习汉语的学生有帮助，他就感到满意了（姜其煌，1980）。19世纪译者英译《红楼梦》的目的说明，这部伟大的中国文学巨著在当时只是学习汉语的材料。

（2）翻译及发表的形式不正规

由于这一历史时期译者的主要目的在于帮助在华外国人学习汉语，不在意小说情节的完整性，这一历史时期的翻译形式便只是片段翻译。在Davis、Thom和Bowra的译文中，我们只能分别找到第三回、第六回和前八回的片段。Joly的译本比前三种篇幅要长得多，而且他曾计划完成全书的翻译工作，但因为去世,他的译本仍然是片段翻译。

这些译文出版的形式极不正规。Davis、Thom、Bowra 的译文都只是登载在期刊上。直到 19 世纪末,才出现了 Joly 的两卷单行本译本。

(3)译本的社会功能很低

这一时期的《红楼梦》英译本在英语文学多元系统中处于边缘地位,其主要功能是帮助外国人理解和掌握一些地道的汉语表达方式。除此之外,英语读者或多或少会意识到《红楼梦》的艺术魅力。至少,他们不再对这部巨著一无所知。

Joly 译本的内容虽然未及原著的一半,但他的认真尝试对其他欧洲人征服《红楼梦》这座高峰具有启示意义。

2)第二阶段:1927—1958

这一历史时期产生了《红楼梦》的三种英译本,其中 McHugh 译本是从德文转译的(张桂贞,2004),所以不列入本文讨论范围,其余两种译本是王良志译本和包括两个版本的王际真译本。

新文化运动时期引入的科学而系统的方法论为《红楼梦》研究开辟了崭新的天地。王国维《<红楼梦>评论》的发表标志着国内现代《红楼梦》研究的开端。他将西方文学批评的方法论应用于《红楼梦》研究,是"小说批评派"的代表人物。胡适的《红楼梦考证》从历史的角度研究《红楼梦》,俞平伯的《红楼梦辨》则是"文本考证派"的代表作。他们的研究工作合称"新红学运动"。这一运动极大影响了当时的中国知识分子。很多学者认识到,《红楼梦》的巨大艺术魅力足以与西方小说及哲学作品媲美,同时他们对这部中国历史上伟大的小说及其创作背景有了更全面、深入的理解。王良志和王际真就属于这类学者,他们吸收了这些著作的观点,将《红楼梦》译为英语。可以说,这两种译本都建立在"新红学运动"研究成果的基础之上。

这两种译本于 20 世纪 20 年代成书于美国。当时,美国已成为世界上最强大的国家之一。英国虽然失去了世界霸主的地位,但仍属列强之一。英语文学多元系统仍然保持强大自足的状态,英译中国文学只能在英美文化系统中处于边缘地位。然而,这一"边缘地位"的概念与 19 世纪相比已有变化。英语文学多元系统少了一些保守，对新的文学形式采取了欢迎和接纳的态度，《红楼梦》英译本的文学价值也逐渐为人所知。然而，这不足以将《红楼梦》英译本推向英语文学多元系统的中心，让读者欣赏到其"经典"或者"高雅"的文学形式。英译中国古典文学的吸引力仅仅在于西方人期望之中的"异域风情"和"传奇化情节"。这体现了它的边缘文学地位。20世纪20年代，《红楼梦》的两种英译本具有如下特征：

（1）译本是译者意图和书商意愿折中的产物

王良志和王际真都受到"新红学运动"影响，对《红楼梦》的哲学、社会学、史学、文学和美学价值有一定认识。在王良志译本的序言中，史密斯博士清楚阐述了"新红学运动"的观点。而在王际真译本的导言中，译者自己也提到了胡适和俞平伯的研究成果。很明显，他们有能力，也有意图对《红楼梦》进行全译，将其艺术魅力全面介绍到英语世界。然而，美国出版商只考虑英美读者对英译中国文学的大致期望，要求译者将小说改编为具有异国风情和传奇情节的单纯爱情故事。因此，这两种译本主要关注宝黛爱情悲剧，是书商意愿和译者意图折中的产物。

改编的痕迹在王良志的译本中尤为明显。严格地说，王良志的《红楼梦》英译本其实是翻译和改编的结合。他删除了所有与宝黛爱情不直接相关的内容。在序言中，《红楼梦》的复杂主题被简化为"浪漫的情欲之爱"（王丽娜，1979：154）。译者认为，这一独特的爱情悲剧对西方读者有特殊的吸引力，因此译本必须紧扣这条主线，省略其他"枝节"，使英译本成为一部不折不扣的传奇爱情悲剧。并且，即使是对爱情起伏悲欢的描写，译文也不甚忠于原文，不过在重现微妙情感方面还是相当成功的。为了迎合英美读者的审美趣味，译者采用了多种英文修辞格以烘托场景。例如：他将"《西厢记》妙词通戏语"译为"Appreciating *West Chamber* in the West Chamber"（王农，1979：266），采取双关手法将宝黛比作张生和莺莺；将"黛玉焚稿断痴情"译为"Poems Easier Burnt Than Love"（王农，1979：266），采取对照手法，暗示"诗稿虽焚，爱情长存"；将"埋香冢飞燕泣残红"译为"Flower Lover Pitied Flower Burier"（王农，1979：266），采取对仗手法，烘托美妙场景。王际真的译本同样也是这种折中的产物。该译本同样关注宝黛爱情悲剧，也具有迎合当时英美读者审美趣味的倾向。在第二版序言中，Mark Van Doren 认为，《红楼梦》是一部爱情悲剧，宝玉和黛玉宁愿"为爱而死"，是中国的罗密欧与朱丽叶。这说明 20 世纪 20 年代《红楼梦》英译本在英语文学多元系统中仍处于边缘状态，主要功能只是强化已存在多年的西方爱情观念而已。与王良志译本相比，王际真译本的改编痕迹不太明显，在很大程度上仍是一部忠实于原著的译本。译本有两版。第一版共三十九回，集中于对宝黛的爱情经历以及中国独特传统风俗的描写，例如秦可卿的豪华葬礼等。经过译者的精心增补与修订，译本第二版印行，共六十回，主体部分仍为宝黛爱情悲剧。在第二版导语中，王际真承认，第一版仅仅关注爱情悲剧的主线，删除了大量对中国封建社会的生动描写，的确非常可惜。他也表达了自己的翻译受制于书商的尴尬与无奈。

（2）人物姓名英译的方式独特

出版商说服两位译者尽量迎合美国读者对英译中国文学的审美期望，在翻译中尽量彰显"异域风情"。于是就出现了这一历史时期两种译本中人物姓名的独特英译方式。

在 19 世纪《红楼梦》的英译本中，人物姓名都是音译。然而，在王良志译本中，姓名全是意译，目的是突出所谓的东方风味。如"黛玉"译为"Black Jade"，"宝钗"译为"Precious Virtue"，"袭人"译为"Pervading Fragrance"，"平儿"译为"Patience"，最有意思的是"鸳鸯"译为"Faithful Goose"。这些奇特的表达方式不太像名字，但是满足了美国读者对英译中国文学的猎奇心理，展示了某种"异域风情"。不过，这些译名多少带有一些喜剧色彩，不太符合译者想要传达的悲剧主题。

与王良志不同，王际真在翻译人名时采用了"双重标准"。男性人物的姓名，他一律音译；女性人物的姓名，则一律意译。例如，"宝玉"译为"Pao Yu"，"王熙凤"译为"Phoenix"，"黛玉"译为"Black Jade"，"鸳鸯"译为"Loyal Goose"，有些女性姓名的翻译与王良志译本一样，同样也具有某种不甚和谐的喜剧色彩。并且，这种"双重标准"似乎带有一点暗示，即女性角色可以"物化"，是某种"物件"，而男性角色则是具有自我意识的独立个体。享有国际声望的红学家吴世昌反对这种翻译姓名的方式。他（吴世昌，1980：283）以"Black Jade"为例，认为"jade"引申义有二，其一为"loose woman"，其二为"horse"，那么"Black Jade"就意指"loose woman of dark skin"或是"black horse"，甚为不妥。但是另一位著名学者吴宓相当赞赏这一翻译人名的方法。他（吴宓，1929）以"余生"为笔名对王际真译本进行评论，认为"此法殊善"。这一共时性评价发生于1929年，与译本出版同为一年，说明当时中国文学英译的规范带有迎合西方读者品味的倾向。

（3）译本的社会功能偏低

尽管王际真译本的第二版出版于1958年，但译本的主体在1929年之前就完成了。可以说，这两种译本均产生于20世纪20年代，在相当长的时间内对英美读者产生了深远的影响，尤其是王际真译本，更为知名。

在王良志译本和王际真译本产生的历史时期，英译中国文学在英美文化的文学多元系统中仍处于边缘地位，这两种译本的主要社会功能是强化英语本土文学观念，广义的生命悲剧经过编译变成了狭义的爱情悲剧。然而，无论如何，20世纪20年代的《红楼梦》英译本的地位已经远远高于19世纪的译本。至少，原著艺术魅力的许多方面都已经为英语读者所关注。他们不再像19世纪的读者那样，认为《红楼梦》的译本只是语言资料，在英语文学多元系统中毫无地位。

20世纪60年代，张爱玲在美国中西部开展研究工作时，曾调查过美国大学生对《红楼梦》的熟悉程度。调查结果显示，他们大多知道这部小说，而且所有知道这部小说的人都认为《红楼梦》讲的是大家庭里表兄妹间的爱情故事，就像巴金的《家》一样（张爱玲，1994）。

1932年，德国翻译家弗朗茨·库恩翻译出版了《红楼梦》德文节译本。他在该书序言中将自己的译本与英译本进行比较，其主要对象便是王际真译本。他指出了王际真译本的不足，可见他认真研读过王际真译本，并在比较研究的基础上完成了旷世之作《红楼梦》的德文节译本。

1993年出版的《新不列颠百科全书》（*The New Encyclopaedia Britannica*）第15版中有五处对《红楼梦》的介绍，其中两处提到此译本（McHenry，

1993）。

由此我们可以得出以下结论：①王际真译本为《红楼梦》在英语世界的广泛传播做出了重要贡献。20世纪60年代，美国只有王际真和王良志两种译本。但王良志的译本较为罕见，所以读者对《红楼梦》的印象主要来自王际真译本。②《红楼梦》被视为爱情小说，这种观点也主要源自王际真在翻译过程中的选择。

3）第三阶段：1973—2001

这一历史时期产生了两种《红楼梦》英译本：霍译本（David Hawkes & John Minford）和杨译本（杨宪益、戴乃迭）。

二战以后，各国之间的文化交流较从前更为频繁。大多数英美读者对亚洲、拉丁美洲和非洲文学有了更为明确的认识，认识到其中优秀文学作品的艺术价值足以与西方文学媲美。另一方面，中华人民共和国成立后，综合国力不断增强，中西之间的文化交流也逐渐进入平等互利时期。在这种历史条件之下，产生于19世纪，作为语言教科书的《红楼梦》选译本和产生于20世纪20年代，仅仅关注恋爱情节的《红楼梦》节译本，都远远不能满足新时代读者的需要。能够充分传达《红楼梦》艺术魅力的全译本因此应运而生。

还有一点不能忽视的历史文化因素是，自20世纪50年代起，《红楼梦》研究呈现出兴盛的局面，红学研究沿着两条主线发展。一方面，"新红学运动"的传统方法论被扬弃，取而代之的是立足于马克思主义理论的红学研究。《红楼梦》最重要的主题被认为是尖锐的阶级矛盾以及清朝统治者内部的冲突。李希凡和蓝翎是这一学派最著名的代表人物，他们的众多论文透彻地分析了《红楼梦》中的阶级斗争。该观点长期占据主导地位，对国内读者产生了很大的影响。该观点虽然深化了对《红楼梦》复杂主题的认识，却因过分强调阶级矛盾而将主题简单化。除主题研究外，一些民俗学家如沈从文、邓云乡等，对《红楼梦》中的服装、器具、礼仪、饰物、风俗等进行了细致的研究。此外，著名学者周汝昌对《红楼梦》的不同版本做了极为严谨的考证，澄清了许多疑点。这些研究成果都让译者受益匪浅。另一方面，部分学者继承了"新红学运动"的研究方法：如哥伦比亚大学的中文教授夏志清继承了"小说批评派"的方法，对《红楼梦》的复杂主题进行了透彻的研究；又如吴世昌、余英时、赵冈等学者继承了"文本考证派"的方法，对作者的背景以及《红楼梦》不同版本之间的细微差别的研究非常严谨，极具说服力。这些红学家的研究成果给《红楼梦》英文全译本的译者 David Hawkes 和 John Minford 带来很多有益的启示。

在上述历史条件下，两种《红楼梦》英文全译本出现于 20 世纪 70—80 年代。它们具有如下特征。

（1）真正的全译

这一历史时期译者的意图是充分再现原著不朽的文化艺术价值，因此，他们在译本中尽可能完整地保留了原文的内容。例如：他们深入探究原著的主题而且尽力从不同角度再现这一复杂的主题；他们力图再现原著生动细致的人物刻画，成功地进行了角色再创造；他们从不忽略原著中的任何一个文化意象，力图传达其内涵。这些处处求"全"的艰苦努力表明，译者对原著极端负责，也极端尊重。因此，20 世纪 70—80 年代产生的两种译本是全译，而不再是改编或节译。

著名学者林以亮曾经指出，霍译本最令人叹服的一点在于，原著中任何一个小小的单字都不曾放过。他认为，这对原著不仅是"负责"，简直是"虔诚"了（林以亮，1976）。Hawkes（Cao，1973：46，Hawkes trans.）自己也在译本前言中表示："我恪守的原则就是力求翻译'每一样东西'——甚至是双关。因为这虽然是一部'未完之作'，却是一位伟大的艺术家以他的全部心血写就的。因此，我认为，书中的任何细节都有其目的，都应该进行处理。我不能说每一处翻译都很成功，但是，如果我能够将这部中国小说带给我的欢乐表达出一小部分，我也就不枉此生了。"

很明显，Hawkes 相信，《红楼梦》中的每一处细节都体现了作者的创作动机，都有艺术价值，因此决心尽全力做到真正意义上的"全译"。至于杨译本，我们从译本序言和译文主体中也可以清楚地看到，译者具有与 Hawkes 类似的意图和决心。因此，两种译本都可称为真正的全译。

（2）原文版本经过了精心选择

Hawkes（Cao，1973：14，Hawkes trans.）曾经指出："这部中国文学中最受欢迎的小说竟然在作者死后近 30 年才得以公开发行，并且存在着不同的版本，甚至没有一个版本可以说是绝对'正确'，这多少令人吃惊。"的确，《红楼梦》有多种不同版本。普通读者一般不会注意到版本之间的差别，但这些差别确实给负责任的译者带来很大的麻烦。

在1792年《红楼梦》印刷本出现以前，这部小说是以手抄本形式流传的，不同的手抄本还附有不同读者的批注。这些手抄本的批注和正文各不相同，但都被称为《脂砚斋重评＜石头记＞》。这类抄本与曹雪芹的原著很接近，而且没有经过书商删改，应该是译者选择的最佳原文版本。但问题在于，所有这些抄本都只有前八十回，在情节即将走向高潮时戛然而止。这是《红楼梦》的第一类版本。《红楼梦》的第二类版本是经高鹗、程伟元修订的一百二十回本，增补的四十回可能为高鹗续作，也可能为其他佚名作者续作。这一类版本情节完整合理，能够满足大多数读者的审美期待。问题在于，为了保持前八十回和后四十回的一致性，高鹗在编订过程中改写了前八十回当中的一些片段，其中有一些是人物刻画和情节发展的关键之处。所以，从严格意义上说，广为流传的一百二十回本不能算作曹雪芹的真正原作，这类版本被称为程高本。简言之，《红楼梦》版本可以分为两大类：以早期手抄本为基础的八十回版本和以一百二十回程高本为基础的版本。

如果译者是红学研究的门外汉，他可能完全意识不到《红楼梦》不同版本之间存在的差异。最早的Davis译本就以一种低质量翻印的程高本为原文版本，导致翻译中出现了一些荒谬的错误，还有一些早期译述误将宝玉当作女性。如果译者仅仅想将《红楼梦》改写成英语爱情故事而不考虑其艺术价值，就不会注意到各种版本之间细微的差异。如王际真译本就只基于一种原文版本——上海同文书局1923年版本。很可能，他选择这一版本只是因为它是最方便购得的一种版本。与19世纪和20世纪20年代的译者不同，全译本译者们极其注意译作的文化艺术价值，花费了大量心血精心挑选合适的原文版本。

考虑到情节的完整性和一百二十回本在一般读者中的普及程度，Hawkes选择了一百二十回程高本作为原文。但是，他很清楚高鹗曾经删改过曹雪芹的原文，降低了小说的艺术价值。所以，他也间或参阅八十回手抄本的文字以弥补损失。在序言中，他（Cao，1973：18，Hawkes trans.）表明："在翻译这部小说时，我发觉不能严格忠于某种单一版本。因为程高本更为前后一致，所以，尽管它没有其余版本有趣，在第一章中，我还是主要依从这一版本，在以后的章节中我经常会参阅手抄本，我还修订了少数细节。"也就是说，Hawkes结合了不同版本的长处，创建了自己的版本，以保持原著的艺术价值和内容的一致性。

杨宪益和戴乃迭也同样精心选择了合适的原文版本。考虑到手抄本更接近曹雪芹原著，文化艺术价值更高，杨译本的前八十回以手抄本中的"戚蓼生序本"为原文版本。至于后四十回，则译自人民文学出版社修订的程高本。译本出版说明指出："我们的译本前八十回译自人民文学出版社1973年出版的影印本，这一影印本的原本是1911年左右上海有正书局出版的石印本，该石印本是乾隆年间戚蓼生保存下来的一种抄本。后四十回译自人民文学出版社于1959年校勘重印的1792年的一百二十回活字印刷本。戚蓼生保留的前八十回手抄本是现存最早的版本之一。在翻译中，我们参照其他版本，修订了抄本中的错误。"（Cao，1994：3，Yang & Yang trans.）这一详尽的解释有力地说明了杨宪益和戴乃迭选择《红楼梦》原文版本的慎重态度和科学方法。

对原文版本的精心选择充分显示了全译本译者们英译《红楼梦》时极其严肃而负责的态度。这一步骤常为过去的译者所忽略，却成为他们翻译准备过程中的重要环节。这种精心的准备工作也表明，在新的历史时期，译者的翻译目的在于真正全面再现《红楼梦》的文化艺术价值。

（3）吸收了当代红学研究成果

19世纪的国内红学研究主要表现为以"索隐"为主要研究方向的"旧红学研究"。外国译者按自己的理解翻译《红楼梦》片段，译文时常出现常识性错误。20世纪20年代，王良志和王际真对"新红学运动"的研究成果有了较深入的了解，但由于他们的翻译目的主要是迎合英语读者的阅读趣味，所以不曾将红学知识应用到翻译之中。而全译本译者们则完全不同，他们在翻译过程中应用了大量当代红学研究成果。

Hawkes充分利用红学专家的研究成果解决了很多有争议的问题。他（Cao，1973：17，Hawkes trans.）在序言中写道："写这一序言时我充分借助中国学者已发表的研究成果，如俞平伯、周汝昌、吴世昌以及赵冈的成果，尤其是赵冈，他关于诸多有争议的问题的理论对我最具说服力。吴世昌则是其中唯一发表英语研究论文的学者。"他提到的学者均为"新红学运动"的代表人物及他们的国外同行。这些学者主要从精神、情感及哲学意义的层面剖析《红楼梦》的深刻主题，研究考证原书的作者背景及不同版本。著名红学专家吴世昌，曾任教于英国牛津大学和剑桥大学，他的英文专著《红楼梦探源》于1961年由牛津大学出版社出版，该著作在西方学术界，特别是在《红楼梦》研究者中，有很大的影响（冯其庸、李希凡，1990）。

杨宪益和戴乃迭则主要受20世纪50—70年代中国红学研究的影响，译本的出版说明认为，《红楼梦》的首要主题是"不同社会阶级之间的尖锐矛盾"。出版说明写道："《红楼梦》是一本有关政治斗争的著作，是一部政治历史小说……他（作者）不能直接展示当时政治斗争的现实……这位伟大的现实主义作家对万恶的政治制度给予了猛烈的抨击。"（Cao，1994：3，Yang & Yang trans.）这清楚地表明，译文希望再现这一重要主题。此外，民俗学家的研究成果也对杨宪益和戴乃迭翻译一些生活用具、服装及礼仪的名称并阐释其内涵提供了很大帮助。

（4）为促进文化交流采取补偿措施

Hawkes认为，翻译《红楼梦》一定要达到文化交流的目的。为了使英语读者真正理解和欣赏《红楼梦》，他采取了许多措施，比较突出的是撰写长篇序言和使用附录，为读者提供必要的文化信息。

第一卷序言长达32页，1万多字，对《红楼梦》这部小说、相关的红学问题以及译者翻译的得失体会进行了详尽的介绍（Cao，1973：15-46，Hawkes trans.）。第二卷序言介绍了前八十回文字中由于高鹗的校订造成的前后不一致的现象，以及译者的处理方法（Cao，1973：17-21，Hawkes trans.）。第三卷序言涉及《红楼梦》成书过程的详细讨论（Cao，1973：14-20，Hawkes trans.）第四卷序言说明了成书的复杂情况和作品内容的不确定性（Cao，1980：15-30，Minford trans.），第五卷序言则结合该卷内容概述了小说的最后结局（Cao，1986：15-17，Minford trans.）。在每卷序言中，译者都对在本卷翻译过程中提供帮助的人表示了诚挚的感谢。这说明《红楼梦》的翻译不仅体现了译者的才能与辛劳，而且凝聚了许多人的智慧与努力。

此外，对读者可能产生理解困难的文化现象，Hawkes未用脚注，而用附录加以说明。在每卷正文之前，都有拼写说明，用国际音标给汉语拼音系统进行注音解释，以便读者把握书中人物姓名的发音。在每卷正文之后，都有贾家与王家的家谱图与该卷出场人物的姓名及简介。第一卷附录还包括对"金陵十二钗"的详细说明。第二卷附录有汉语律诗的韵律说明、中国的骨牌知识及对贾母等人牌局的说明、该卷不解之谜的谜底及其说明。第三卷的附录说明丫头与小厮的体制，删改某些细节的原因等。第四卷附录有程高本中程、高两人分作的序言，两人合写的序言，有关中国八股文、琴与知音等的知识介绍，以及采用某些翻译处理方式的原因。由于这些精心的安排和设计，霍译本受到了英语读者的广泛欢迎。

为了保证译文的流畅，霍译本不用脚注。而大量使用脚注正是杨译本的重要补偿措施。杨译本的脚注主要解释小说人物与饱含中国特殊文化现象的词语。杨译本还将一些汉字字体和中国文化器物的图形放在译文中，配有英文翻译，并将主要人物关系表做成单页夹在书中。

2.2.3 《红楼梦》英译事业的发展脉络

对不同历史时期《红楼梦》英译本的全面历时性描述已将《红楼梦》英译事业的发展脉络清晰地展现在我们眼前。从1830年到2001年，这一浩繁的历程跨越约170年，包括九种不同译本，其发展脉络可以概括为表2所示的六个方面。

表 2 《红楼梦》英译事业的发展脉络

发展脉络的六个方面	第一阶段	第二阶段	第三阶段
翻译目的	向汉语学习者提供语言教材	创造一个有异国风格和传奇情节的爱情悲剧	充分再现原著的文化艺术价值
翻译形式	片段选译	改编与翻译相结合，节译	全译
翻译方法	英译指称意义	迎合美国读者审美趣味，一味展现异国风情	忠实再现原著风格和内容
对原文版本的选择	任意选择	任意选择	将接近曹雪芹原著的手抄本与具有完整情节的程高本结合，精心选择原文版本
译者身份	对红学研究不熟悉的在华外国人	受"新红学运动"影响的知识分子	红学知识丰富，且在翻译过程中有效运用这些知识的专家
译本在英美文化多元系统中的地位	边缘地位：基本不具备文学意义，仅作为语言材料	边缘地位：仅以异国风情吸引读者	从边缘地位向中心地位迈进了一大步：被视为世界文学名著

除此以外，不同历史时期的《不列颠百科全书》及《新不列颠百科全书》评价《红楼梦》时使用的不同措辞可以清楚地表明这部翻译小说在社会功能和地位方面的变化。

在 1910 年出版的该书第 11 版中，《红楼梦》被认为是对闺阁琐事的记载，情节复杂但无趣，冗长的情节令人厌烦，有一个特别的悲剧结尾，主线是爱情故事，让人想起菲尔丁的小说，描述太过清楚，不如现代小说意味深长（转引自胡文彬，1993）。

1964 年出版的第 14 版提到，"18 世纪的《红楼梦》（*Hung Lou Meng*）是一部伤感的爱情小说，心理描写很深刻，背景是一个没落的大家族。曹霑未写完小说便去世，高鹗将其续完。两位女主角，有一位死得很惨，让人泪流不止，至少像读塞缪尔·理查逊的《帕梅拉》一样"（Dodge，1964，Vol.5：639）。塞缪尔·理查逊是英国作家，《帕梅拉》（*Pamela*）是他的第一部小说，也被认为是第一部现代英国小说，其精细的心理描写广为称道。

在1993年出版的第15版中,《红楼梦》不仅已成为单独的条目,而且在"中国文学""文学艺术佛教的影响"中都有相关介绍,曹雪芹作为《红楼梦》的作者,也被列为单独的条目加以介绍(McHenry,1993,Vol. 12: 11)。《红楼梦》是"现实主义和浪漫主义相结合"的"中国最伟大的小说","它描述的家庭是清朝初年上层阶级的忠实写照,它对各种人物心理活动的深刻描写达到了当时中国小说的顶峰"(McHenry,1993,Vol. 4:218)。"小说用大量的篇幅描写了诗歌比赛……在西文翻译中,这部分大多被删除。尽管如此,有些西方评论家仍然认为该小说是世界上最优秀的小说之一。"(McHenry,1993,Vol. 16: 238)《红楼梦》"类似约翰·高尔斯华绥的《福尔赛世家》与托马斯·曼的《布登勃洛克一家》,叙述了封建大家庭的没落,穿插着爱情故事,使人读后无限伤感"(McHenry,1993,Vol. 23:135)。在论述文学的艺术手法时,《红楼梦》被认为与日本的《源氏物语》[1]一样,"故事情节中存在着有机联系"(McHenry,1993,Vol. 23:80)。

托马斯·曼(1867—1933)是德国小说家,创作了《布登勃洛克一家》《魔山》等作品,获1929年诺贝尔文学奖。约翰·高尔斯华绥是英国小说家和剧作家,因其最负盛名的小说《福尔赛世家》而成为1932年诺贝尔文学奖得主。《布登勃洛克一家》《福尔赛世家》和《源氏物语》均为世界文学巨著。1910年、1964年、1993年出版的《不列颠百科全书》对《红楼梦》的评价逐步升级并趋向客观,我们可以得出以下结论:在英语文学多元系统当中,英译《红楼梦》已经从边缘地位向中心地位迈进了一大步。这一变化在很大程度上归功于不同历史时期《红楼梦》的英译本。

从历史视角看《红楼梦》的翻译历程,我们发现,这一伟大的事业确实在不同历史时期以不同方式促进了《红楼梦》在英语世界的推广流传。它的确是个难忘的历程。

---

[1] 《源氏物语》是日本女官紫式部于11世纪初叶所著的日本文学作品,被视为世界上最古老的长篇巨著之一,也是最优秀的小说之一(McHenry, 1993, Vol.11 : 519)。

3 结论

本文首先介绍了多元系统理论及相应的描写性翻译批评方法论，然后运用这一全新的方法对九种译本的《红楼梦》英译事业进行了描写性研究，包括对不同时期译本的全面历时性描述以及对翻译历程脉络的勾勒，主要结论如下：

第一，基于多元系统论的描写性翻译批评方法能够有效地解释一些由历史语境影响和决定的翻译现象，尤其适用于多年前产生的翻译文学或是同一文学作品在不同历史条件下产生的不同译本。这一翻译批评的新方法可以弥补规定性翻译批评方法的局限性。

第二，中国文化与英美文化的兴衰消长对特定历史时期中国文学英译的规范产生了重大影响，由此导致译者翻译意图与倾向的不断变化。作为翻译文学，《红楼梦》英译本在英语文学多元系统中的地位和社会功能随着历史文化条件的变化而变化。

第三，翻译批评研究，特别是文学翻译批评研究，应涵盖规定性翻译批评方法与描写性翻译批评方法，以发展为完整的文学翻译批评系统，推动翻译文学事业的发展。

参考文献

- CAO X Q. The story of the stone[M]. Vol.1(The golden days). HAWKES D. Trans. London: Penguin Books Ltd, 1973.
- CAO X Q. The story of the stone[M]. Vol.2(The crab-flower club). HAWKES D. Trans. London: Penguin Books Ltd, 1977.
- CAO X Q. The story of the stone[M]. Vol.3(The warning voice). HAWKES D. Trans. London: Penguin Books Ltd, 1978.
- CAO X Q. The story of the stone[M].Vol.4(The debt of tears). MINFORD J. Trans. London: Penguin Books Ltd, 1980.
- CAO X Q. The story of the stone[M].Vol.5(The dreamer wakes). MINFORD J. Trans. London: Penguin Books Ltd, 1986.

- CAO X Q. A dream of red mansions [M]. YANG X Y, YANG G. Trans. Beijing: Foreign Languages Press, 1994.
- DODGE V J.Encyclopaedia britannica[Z]. 14th ed.Vol.5. Chicago: Encyclopaedia Britannica, Inc., 1964.
- MCHENRY R. The new encyclopaedia britannica[Z]. 15th ed. Vol. 4, Vol.12, Vol.16, Vol.23, Chicago: Encyclopaedia Britannica, Inc., 1993.
- 曹雪芹, 高鹗. 红楼梦 [M]. 北京：人民文学出版社, 1982.
- 曹雪芹, 高鹗. 红楼梦 [M]. 上海：上海古籍出版社, 1991.
- 冯其庸, 李希凡.《红楼梦》大辞典 [Z]. 北京：文化艺术出版社, 1990.
- 胡文彬.《红楼梦》在国外 [M] 北京：中华书局, 1993.
- 姜其煌.《红楼梦》西文译本一瞥 [J]. 读书, 1980（4）：120-124.
- 林以亮. 喜见红楼梦新英译 [M]// 林以亮.《红楼梦》西游记——细评《红楼梦》新英译. 台北：联经出版事业股份有限公司, 1976：1-8.
- 刘士聪. 序言 [M]// 王宏印.《红楼梦》诗词曲赋英译比较研究 [M] 西安：陕西师范大学出版社, 2001：1-2.
- 王丽娜.《红楼梦》外文译本介绍 [J]. 文献, 1979（1）：153-156.
- 王农. 简介《红楼梦》的一种英译本 [J]. 社会科学战线, 1979（1）：266.
- 吴世昌. 红楼梦西文译本和论文 [M]// 吴世昌. 红楼梦探源外编. 上海：上海古籍出版社, 1980：281-295.
- 俞平伯.《红楼梦》研究 [M]. 北京：人民文学出版社, 1988.
- 吴宓（余生）. 王际真英译节本《红楼梦》述评 [N]. 大公报（天津版，文学副刊），1929(75).
- 张爱玲. 红楼梦魇：张爱玲文集（增补卷）[M]. 合肥：安徽文艺出版社, 1994.
- 张桂贞. 弗朗茨·库恩及其《红楼梦》德文译本 [C]// 刘士聪. 红楼译评——《红楼梦》翻译研究论文集. 天津：南开大学出版社, 2004：427-458.

第二部分
翻译家研究

导言

这部分的三篇论文是翻译家研究。

第一篇论文涉及中外翻译家比较研究。它是我指导苏艳撰写的硕士学位论文的延伸。苏艳的选题是研究刘重德先生的翻译思想，他是我国当代德高望重、成果丰硕的翻译家。在研究中，我们惊喜地发现刘先生与英国翻译家 Peter Newmark 的翻译思想非常相似，便有了这项延伸研究。两位翻译家从未谋面也无交往，但他们不仅具有相似的研究动机和研究方法，而且对翻译的性质、原则、方法和翻译批评等重大问题的看法一致，可谓"英雄所见相同"。从这项研究中，我们得到翻译研究必须坚持辩证法、要处理好继承和发展的关系等启示。

第二篇论文属于实证研究。奈达是我十分尊重的美国翻译家，他的翻译思想对我国译界影响很大，有一段时间，翻译论文几乎"言必称奈达"。我也曾满腔热情地介绍他的符号学思想和社会符号学翻译法。奈达的思想很活跃，观点经常更新，这在我国译界掀起了一阵阵波澜，"翻译理论无用"的观点又有抬头之势。我笃信奈达对我国翻译研究的促进和推动作用，其理论对我国翻译实践具有指导作用，于是，我将我国译界对奈达翻译理论的反应定义为"奈达现象"，以《中国翻译》为调查对象，对1980年至2000年间刊载的论文进行研究。研究范围涉及译学理论、译者介绍、国内外翻译思潮等栏目，重点研究该刊物在奈达翻译理论方面的译介内容与引用次数以及同时期对其他外国翻译家及其理论的译介，旨在梳理这21年间奈达的翻译思想对我国翻译界的影响，阐明我国翻译研究的走向与特征，为我国21世纪的翻译研究提供参考。

这项研究说明，奈达的翻译理论是较早、较系统地介绍到我国的西方翻译理论，让中国学者受益良多，但中国学者同时也关注其他西方译论。译界对奈达的翻译理论的研究集中在少数几个重要观点上，这是远远不够的。对奈达的翻译思想，开始是译介和接受，然后有质疑甚至批评，有借鉴但不是全盘吸收，有批评但不是全盘否定，这说明我国翻译研究的方法日趋成熟。我国翻译研究在1995年至2000年间取得了质的飞跃，重心转移到我们自己的翻译理论研究及翻译学科的建设上，而且呈现出多元化和多极化趋势，学术队伍日趋成熟，可望在翻译研究领域迅速取得突破性进展。

第三篇论文赞扬了方梦之教授的应用翻译主体研究。我认为，应用翻译活动的主体是译者，但对应用翻译译者的研究未得到应有的重视，方梦之教授在这方面做出了榜样。他在翻译理论，特别是在应用翻译理论的研究中,一贯重视对翻译主体的研究。他对译者工作心理的研究具有开创性,在翻译教程中突出翻译主体的社会角色与创造空间,在词典编撰中凸显翻译主体并展示应用翻译家的翻译思想与成就,这是他对应用翻译学科建设的重大贡献。我还对加强应用翻译主体研究提出三条建议,使应用翻译主体研究从隐性(隐身于翻译史、翻译思想、翻译策略与翻译方法的研究)转向显性,突出默默无闻的译者形象,以助应用翻译研究的发展。

六 一致性：刘重德和 Peter Newmark 翻译理论之比较研究[1]

1 引言

刘重德和 Peter Newmark 是中国和英国译坛的两位宿将。两人都是高校的资深教授，多年从事翻译的教学、实践与理论研究工作，深谙"通天塔"建设者的甘苦，并不约而同地感叹，翻译既是难事，又是乐事（刘重德，1991），翻译十分"可怕"但又"令人愉快和满足"（Newmark，1988：224）。刘重德三译《爱玛》和复译《瘾君子自白》的实践证明了 Newmark（1981）的一个观点，即翻译是无止境的，一篇译作总能不断完善，所谓理想的翻译并不存在。两人都有既具备学术参考价值又能指导实践的专著问世：刘重德的《文学翻译十讲》（*Ten Lectures on Literary Translation*）在译界尽人皆知，是翻译工作者必读的经典理论著作；Newmark 的代表作《翻译方法》（*Approaches to Translation*）、《翻译教程》（*A Textbook of Translation*）与《论翻译》（*About Translation*）一经译介，便在我国产生了强烈反响。两人都有自成一家的"学术专利"：刘重德提出的"信达切"三原则（faithfulness, expressiveness and closeness）和 Newmark 的语义翻译法（semantic translation）和

---

[1] 此文系我指导苏艳撰写硕士学位论文的延伸研究，作者为陈宏薇、苏艳。我在中国英汉语比较研究会年会宣读后，经修改，载于杨自俭编《英汉语比较与翻译（4）》，上海：上海外语教育出版社，2002 年，486—496 页。

交际翻译法（communicative translation）在译坛独树一帜。两人都在不同程度上借鉴了现代语言科学的成就，详尽地论述了翻译本体论研究中的一系列基本问题，形成了较完备的理论系统。有鉴于此，对这两位理论家的翻译思想进行比较研究是一件很有意义的事情。笔者试图比较这两位学者的研究动机和研究方法，并侧重分析他们在翻译的性质、原则、方法和翻译批评等重大问题上达成的共识，以期深化我们对翻译本质的认识，促进东西方译论成果的交流。

2 相似的研究动机与研究方法

刘重德和 Newmark 都以服务于实践作为其理论研究的动机和最终归依，力图为翻译学科构筑完整的理论形态和切实的操作程序。他们都是实践型的翻译家。刘重德译过各种体裁的文学作品，因此他对文艺作品风格传译的论述鞭辟入里，令人信服。对具有各种不同语言风格作品的翻译也让他重新审视"信达雅"作为一种具有普遍指导意义的文学翻译原则的权威性。Newmark 长期从事英、法、德语的互译工作，其著作的显著特点之一是译例丰富。在《翻译方法》的序言中，他（Newmark, 1981: ix）宣称"促使我撰写论文，特别是发表见解的主要动力来自我的课堂"。丰富的实践为两位学者的理论研究提供了大量素材和灵感，使他们摸索出翻译的内在规律，再用这些规律有效地指导实践。刘重德（1994）认为，实践出真知，实践出理论。从实践升华出来的真知与理论，必能回过头来指导实践，有助于实践。Newmark（1988）更是旗帜鲜明地提出，翻译理论的核心是解决翻译中的问题。他认为译者同其他行业的实践者相比，面临更多的选择，在选择过程中，译者将凭直觉（或有意识地）遵循某种理论（Newmark, 1988）。翻译理论应该和翻译方法论研究携手共进。翻译理论主要关注在尽可能广阔的范围内为文本或文本范畴确定合适的翻译方法。而且，它要为文本翻译和翻译批评的原则、有限度的法则和提示提供框架，这个框架便是解决问题的背景（Newmark, 1981）。由于注重理论的实际运用，两人都深入探讨了翻译过程中的一些具体方法和技巧。刘重德总结了定语从句的译法，确保译作忠实于原作的 12 个要点以及汉译英中的形象翻译和断句等方法；Newmark 则讨论了暗喻、专有名词、新词以及科技文章的翻译等问题。理论与实践的紧密结合使得两人的翻译理论兼具"描写功能"和"规范功能"（谭载喜，1994），既能从理论上进行验证，又能在实践中具体操作。

在研究方法上，刘重德和 Newmark 都注重继承前人的研究成果，结合自己的实践经验及理论思考进行创造性发挥。刘重德的翻译理论继承了中国传统译论中丰厚的哲学及美学底蕴，又吸收了西方现代译论对语言的精密分析，将翻译过程的人文性与科学性融于一体，更趋近于对翻译本质的认识。"信达切"三原则集中体现了他对严复的"信达雅"理论和 Tytler "翻译三原则"的继承和发展。此外，他对直译与意译关系的全面认识受到鲁迅的影响；他认为风格是对审美客体整体的认识而非对个别语言层面的分析，这一观点的形成受到了19 世纪英国著名诗人及评论家 Mathew Arnold 的启发；他也接受了 Nida 从语言的共核及文化的通约性的角度论证语言可译性的观点。刘重德在将古今中外优秀译论兼收并蓄的基础上创立了自己独特的理论系统。Newmark 对普通翻译理论最重要的贡献在于他对语义翻译和交际翻译的详尽论述。这个理论以语言学家 Bühler 和 Jacobson 提出的语言功能理论为蓝本，受 Nabokov 的语义学理论和现代交际学理论启发，是对历代西方各种翻译理论进行归纳总结后得来的（杨士焯，1998）。此外，他还将成分分析理论（componential analysis）和格语法理论（case grammar）运用于翻译研究。刘重德（1991）认为翻译是一门与词汇学、语法、修辞学及语言学的其他分支相关的科学，这说明他是从语言学的角度来论证翻译的科学性的。Newmark 的观点也极为相似，他（Newmark，1981）认为，就翻译是科学而论，其科学性也只体现在语言学方面。由此可见，现代语言科学的成就对两人都产生了深刻影响。

刘重德和 Newmark 研究方法的另一个共同点是两人都破除了一元论和二元对立（binary opposition）的思维惯式，力争以客观、辩证的学术态度分析和研究客体。两人都清醒地认识到，放之四海而皆准的翻译理论并不存在。刘重德将其研究对象限定为文学翻译，Newmark 则对 Koller 的预言，即等效原则将成为压倒一切的理论提出了质疑。在刘重德的理论系统中，许多历来相互对立、理论家们为孰优孰劣而争得面红耳赤的概念和观点被和谐地统一成一个整体。

例如,他将翻译的性质定义为"既是科学,又是艺术",这就将翻译过程中对语言成分的静态描述和对译者的动态研究有机地统一了起来,使翻译中主体与客体的共同参与获得了认同。基于翻译性质的两面性,他提出译者在再现原作艺术风格时,必须具备两种观点。Newmark 受语言的功能理论启发,提出文本按其功能可划分为以表情功能(expressive function)为主的文本、以信息功能(informative function)为主的文本和以召唤功能(vocative function)为主的文本三类并主张译者应根据文本的主要功能采取相应的翻译方法,而不能仅仅注重目的语读者的反应。他(Newmark,1988:49)认为等效"是一个重要的翻译观念,对任何类型的文本都有一定的适用度,但其重要性并不相同"。例如,对表情性或权威性的文本,译者就应以语义翻译为主,力求表现原作者在词汇及句法上的语言特点与艺术风格,因为文本的内容与形式是一个有机整体,任何形式上的歪曲都将不可避免地导致原作的美学价值流失(主要包括结构美、比喻美和声音美),这在诗歌和散文翻译中表现得尤为突出。与此相应,翻译的单位也不可一概而论。Newmark(1988:67)认为,单词、短语、句子乃至篇章都可作为翻译的单位:"表情性或权威性的文本,侧重强调以单词为单位;以信息为主的文本侧重强调以搭配和短语为单位;文本中具有召唤及语用意义的部分则侧重以句子和文本为单位。"Newmark 从语言功能的角度来分析翻译方法及单位的观点为研究者提供了一个新的视角。

3 翻译理论的一致性

共同的研究动机和研究方法使两位翻译家在翻译理论的一系列重大问题上持一致观点。

3.1 翻译的性质

翻译的性质是翻译本体论研究中最基本的论题,是翻译家构筑其理论系统的基石。由于观察视角及侧重点不同,理论界逐渐形成了有代表性的两派,一为科学派,二为艺术派,两派的争论一直相持不下。刘重德和 Newmark 均属于综合派。刘重德（1991：1-2）认为，就文学翻译而言，无论是科学派还是艺术派，都有其优缺点："前一派认为翻译时应通过语言对等形式的转换再现原作信息，它强调对翻译的过程及语言的结构和形式的描述性研究，以揭示翻译中存在的客观规律。后一派提倡通过运用另一种语言中的表达再创造一部文学作品，它强调的是翻译的效果。"综合这两派的观点，刘重德（1991：12-13）提出，"翻译不仅是一门有着自己的规律和方法的科学，也是一门再现和再创造的艺术"。Newmark（1988：6）则认为，"译者在四个层面上工作：翻译首先是一门科学，译者有必要通晓和验证所述事实并掌握描述事实的语言——在这一层面上，错误与对事实的扭曲能够被分辨出来；其次，它是一种技能，需要合适的语言及为读者所接受的用法；再次，它是一门艺术，要求区分优秀及平庸的作品，这是翻译中需要创造力、直觉，有时甚至是灵感的层面；最后，翻译是一个情趣问题，在这一层面上，争执消失了，译者表现出他的喜好，多种多样备受赞誉的佳译反映出译者个人情趣的差异"。依据 Newmark 的解释，翻译需要译者的语言技能，而技能可以通过学习和反复实践习得，译者这种掌握语言技能的可能性正是由于语言之间存在着共性和内在规律，译者各自的情趣也是其艺术素养的一种表现。Newmark 对翻译实质的阐释比刘重德更细致，但其实质却是一样的。两人都将翻译的过程与结果、主体与客体、常量与变量、忠实与创造全面地统一于一体。

3.2 翻译的原则

刘重德（1991：14）认为翻译的原则具有双重功能："既是测量译者职业水平的铅垂线，又是译者奋斗的目标。"他的"信达切"三原则，即信于内容（be faithful to the content of the original），达如其分（be as expressive as the original），切合风格（be as close to the original style as possible），分别从思想内容、语言表达和风格特征三个方面为译者确立了实际操作时努力的方向。刘重德（1991，1998）对"信达切"三原则的具体阐述表明，他主张翻译应以源语文本为中心。在一系列论文和专著中，他从三个方面论证了这一观点。第一，不同的语言能够表达相同的思想和感情，因为每种语言都是对现实的反映，人类生存环境与思维的共性使语言之间在语义与句法结构方面存在相似性，这就使语言之间的互译成为可能。第二，刘重德在谈到严复为传播资产阶级思想所作的历史贡献和英诗汉译对中国新诗的影响以及"欧化"现象时，肯定了翻译具备冲破文化樊篱，丰富我们的思想、文学和语言等多重功能。为了实现这些功能，译作必须尽可能地接近原作。第三，译者的创造不是随心所欲的，而是受到源语文本的限制。中外许多名家都承认翻译是一种创作或再创作，并容许在翻译过程中于极端必要时进行一些再创造，但它有一个不可逾越的前提，那就是万变不离其宗，这个"宗"便是源语文本。

Newmark 提出的翻译原则是准确和简洁，准确是针对源语文本而言的，他将译文在所指和语用层面的准确视为翻译的底线。和刘重德一样，他坚决主张以源语文本为中心。他自称"凭本能和直觉倾向于源语文本"（Newmark，1991：4），"多少是个直译者，因为我寻求真实和准确"（Newmark，1988：xi）。在重新审视并完善语义翻译和交际翻译理论之后，他提出了一个新的概念，即翻译关联法（a correlative approach to translation），其主旨是：原作或译文文本的语言越重要，就越要紧贴原文翻译。包括诗歌、散文、小说等在内的文学作品就属于这种语言重要的文本，因此必须亦步亦趋地、忠实地翻译。和刘重德一样，Newmark 主张译者应该承认并尊重源语文本所展现的异域文化特色，他反对译者在翻译诗歌时向译文读者妥协，将异域文化裁剪成本土文化。Newmark 将翻译过程分为四个层面——文本层面、所指层面、连贯层面和自然层面，他认为"文本层面是最初的，也是最终的层面"（Newmark，1988：29），这与刘重德（1998）的主张不谋而合——原作不仅是翻译的出发点和依据，而且是衡量译文优劣的参照物和标尺。

刘重德和 Newmark 都认为译作应当既忠实于作者又忠实于读者，但对读者的忠实必须与无原则的创造区别开来。刘重德曾撰文对美化译文的"超越论"提出批评，他强调指出，译者不应以"再创造"为由违背作者原意，把自己的主观想法强加于原作者。Newmark（1988：204）也认为译者"无权改进权威性的文本……只能按其风格亦步亦趋"，即使由于译语的语言规范不得已作些许让步时，译者也要牢记"作者的个性比任何译语语言规范更重要"。刘重德（1998）

认为，只有在极端必要时译者才进行一些再创造；Newmark（1991：7）也承认创造性的成分只是"最后一种凭借"，"如果它支配了整个文本……它就成了编译，一种几乎不能被验证的、带有个人癖好的翻译（或者说是一篇糟糕的译作）"。"翻译中的科学成分远比艺术成分重要，当两者相冲突时，信言将胜过美言。"（Newmark，1991：76）

3.3 翻译的方法

在探讨翻译的方法时，刘重德和 Newmark 都从直译和意译之争着手。在此基础上，刘重德认识到两者在本质上相互并不排斥，直译派和意译派之间的分歧源于他们混淆了直译与死译、意译与胡译的概念，因此他给直译和意译重新下了明确的定义，并从句子结构及修辞的角度将这两种方法与死译和胡译区分开来。Newmark 则另辟蹊径，提出语义翻译法和交际翻译法。他认为在众多的翻译方法中，只有这两种方法才能实现翻译的两个主要目标，准确和简洁。语义翻译建立在作者的语言层面上，强调信息内容。为了表现作者的思维过程，译者会保留原作的语言特色和独特的表达方式，可能出现超额翻译。交际翻译则建立在读者的语言层面上，强调话语的要旨。为了表明作者的写作意图，译者要摆脱原文语言结构的束缚，注意发挥译文语言优势，可能出现欠额翻译。

由于主张以源语文本为中心，刘重德认为翻译应以直译为主，Newmark 认为应以语义翻译为主。刘重德（1991）认为，直译让译作易于实现以下三个目标：忠实于原文内容，反映相关国家的景象和风貌，吸收新的表达法。翻译是一种语言行为，需要译者的客观性而不是主观性，直译就是实现这一目的的一种有效途径。Newmark 的理论核心虽然是语义翻译和交际翻译，但他对直译仍然十分重视，并在《翻译教程》中专设一章阐述直译的重要性。他认为"直译是翻译的第一步，好的译者只有当直译明显失真或具有召唤和信息功能的文本写得蹩脚时才放弃直译"（Newmark，1988：76）。在论及两种翻译方法的关系时，两人都承认每种方法都有其优缺点，应该辩证地将它们统一起来，而不是将某种方法绝对化，因而翻译要以直译为主，以意译为辅，或以语义翻译为主，辅之以交际翻译。

3.4 翻译批评

刘重德认为翻译批评的功能在于净化和提高翻译质量，总结翻译的宝贵经验，从而促进我国翻译事业的不断发展。Newmark则认为翻译批评是连接翻译理论与实践的一条必不可少的纽带。两人都以服务于翻译实践为立足点，系统地阐述了翻译批评的原则和方法。

刘重德提倡评论者抱着与人为善、商榷切磋的态度。他十分推崇茅盾、郑振铎在评论译作时不偏不倚、客观公正的科学态度。Newmark（1988：185）也认为，"好的翻译批评要运用历史的、辩证的和马克思主义的观点"。因此，两人都主张客观辩证地评论译作并以此为翻译批评的原则。这一共同的指导思想使他们在论及翻译批评的具体方法时不约而同地提出将对主体的主观整体印象与对客体的微观语言观照紧密结合的观点。刘重德认为，批评者应首先从文学的角度分析译作是否移植了原作的文学价值、社会意义和风格特征，然后从语言学的角度以某些单词、句子或段落为例，分析译者是否成功地在译入语的语言特征方面保留了原文的思想和风格。他的文学分析法和语言学分析法与Newmark提出的功能批评法（functional approach）和分析批评法（analytical approach）有异曲同工之妙。Newmark认为功能批评法具有普遍意义，侧重于思想内容，并不涉及过多的细节，这种方法有很强的主观色彩，批评者往往凭印象判断，因此并不可靠。分析批评法则注重细节分析，要求批评者从译文中选出若干片段，对照原文，找出误译或不当之处，因此比较客观。基于这两种方法，Newmark详细阐述了翻译批评的五个步骤。此外，Newmark和刘重德都认为翻译批评不应满足于对译作的一番评述。Newmark认为："对译作的褒贬既是评论又是创造，当你批评某一译法时，总不免觉得被驱使着提供一个更好的译法。"（Newmark，1988：229）刘重德（1996）也指出，当我们批评别人译文不当时，最好提出自己认为合乎原文要求的译法供原译者作为修订参考。只有这样，才能令人信服。这些建议重申了翻译批评要围绕翻译实践而展开的思想。

4 结论

比较两位学者的研究动机与研究方法,结合国内翻译理论的研究现状,笔者得到如下四点启示:

第一,两位学者出生在不同的国家,生活在不同的文化氛围中,也未曾谋面交谈,但他们的研究动机与研究方法如此相似,对翻译本体论中一系列重大问题的研究均能达成共识,这不仅说明中国学者与西方学者在翻译理论研究与翻译实践方面遇到的问题很相似,也说明对翻译这一跨文化交际活动进行的理论研究具有全球性。

第二,翻译理论研究应以服务于实践为出发点和最终归依。理论研究并不意味着名词术语的堆砌和更迭,而是将自己或别人积累的实践经验进行整理和总结,使之系统化和科学化,从而将感性认识上升到理论高度并用理论指导翻译实践。

第三,翻译理论研究必须坚持辩证法。长期以来,在科学与艺术、直译与意译、神似与形似、忠实与创造、归化与异化等一系列有关翻译研究的基本问题上,我国理论界存在着相互对峙、各自为营的局面,这种相互割裂的状态严重地阻碍了翻译研究的实质性进展。值得庆幸的是,主张坚持对立统一原则的呼声越来越高。这些二元论者以国外的 Bassnett 和 Lefevere,以及国内的刘重德、刘宓庆、孙致礼等为代表。

第四,要处理好继承与发展的关系。毋庸置疑,与感悟式、印象式的中国传统译论相比,西方翻译理论更系统、更科学,更富逻辑性,因此它的译介和传播为我国的翻译理论研究注入了生机和活力。但西方翻译理论毕竟是在印欧语之间的转换实践中建立的,不一定都能用来指导汉外互译,况且我国的传统译论已有上千年的历史,根植于我国的文化背景、思维方式和翻译实践。因此,我们既要潜心研究西方译论,又不可抛弃中国传统译论的宝贵财富,应取双方之长,弃双方之短,不断拓宽我们的学术视野,发挥我们的创造力,丰富并完善适合汉外互译的翻译理论,使之更有效、更成功地指导翻译实践。

参考文献

- NEWMARK P. Approaches to translation[M]. Oxford: Pergamon Press, 1981.
- NEWMARK P. A textbook of translation[M]. London: Prentice-Hall International, 1988.
- NEWMARK P. About translation[M]. Clevedon: Multilingual Matters, 1991.
- 刘重德. 文学翻译十讲[M]. 北京：中国对外翻译出版公司，1991.
- 刘重德. 浑金璞玉集[M]. 北京：中国对外翻译出版公司，1994.
- 刘重德. 阅读汪、任译注《诗经》后记[J]. 外语与外语教学，1996（5）:1-5.
- 刘重德. 介绍伊恩·F. 芬雷的译论——兼评所谓"翻译超越论"[J]. 上海科技翻译，1998（1）:1-4.
- 谭载喜. 试论翻译学[C]// 杨自俭，刘学云. 翻译新论. 武汉：湖北教育出版社，1994:293-305.
- 杨士焯. 彼得·纽马克翻译新观念概述[J]. 中国翻译，1998（1）:48-50.

七 从"奈达现象"看中国翻译研究走向成熟[1]

1 "奈达现象"

奈达博士是对我国翻译界有很大影响的西方翻译理论家。20世纪80年代，他的翻译理论被介绍到我国，使我国大多数翻译工作者开始接触西方系统的翻译理论，引发了我们对翻译理论的浓厚兴趣与密切关注，我国的翻译研究从此开始蓬勃发展起来。此后20多年，奈达的专著与论文不断在我国翻译出版，他曾先后在广州、上海、武汉、重庆等地讲学，他的观点频频被我国翻译工作者引用，他的名字在译界可谓尽人皆知。但后来他的观点发生了根本性转变（张经浩，2000），归纳起来就是：翻译理论无用。有人认为，他后来的翻译观几乎是对其一生翻译研究与实践的总结，并非无源之水，无本之木（张经浩，2000）。言外之意是，奈达已否定了翻译理论的价值，翻译理论还有什么研究价值？还有人认为，他的思想转变至少会在心理上对译学理论研究者造成一次巨大的震撼，会给正在积极兴建的翻译学科构成一次不小的冲击，应找出他放弃翻译理论及翻译科学的原因，否则，就相当于后院着火，自己乱了阵脚（刘四龙，2001）。

---

[1] 原载《中国翻译》2001年第6期，46—49页。笔者的研究生秦孔基、陈月红、杨洋和龙佳红参加了本文的初期研究工作。在此向他们表示感谢。

奈达翻译思想的变化，的确在我国译界掀起了一阵阵波澜，但并未"乱了阵脚"，倒是这把在"后院"烧的"火"，引发了一场严肃、深入、理智的讨论，使人们更加关注翻译研究中的实际问题。笔者笃信奈达的翻译理论对我国翻译研究的促进和推动作用，认可其翻译理论研究的价值和应用翻译理论对实践的指导作用，因此，以实证研究加入这场讨论。

笔者将我国译界对奈达翻译理论的反应定义为"奈达现象"。

2 对"奈达现象"的实证研究

笔者以《中国翻译》为调查对象，对其 1980 年至 2000 年间发表的论文[1]进行了全方位扫描，分析几个重点栏目的内容，研究奈达翻译理论在我国产生的影响及相关变化。笔者认为"奈达现象"是我国翻译研究走向成熟的一种标志。

笔者选定《中国翻译》为调查对象，是因为它是中国翻译工作者协会的会刊，其前身是《翻译通讯》，1979 年试刊，1980 年正式公开发行，后来由中国翻译工作者协会（现中国翻译协会）接办，1986 年更名为《中国翻译》。在《中国翻译》上发表的论文具有学术代表性。它是了解我国翻译研究的重要窗口。

《中国翻译》栏目丰富，而且随着翻译研究的发展，栏目经常变化。笔者研究的重点栏目是与研究译学理论、介绍新 / 老翻译工作者、报道国内外译界思潮有关的栏目；研究的内容是对奈达翻译理论的译介和引用次数，以及对其他外国翻译家及其理论的译介；研究的方法是仔细阅读有关栏目的论文内容，了解我国译界对奈达翻译理论的接受、运用与反应情况。笔者希望通过研究 1980 年至 2000 年间奈达的翻译思想对我国翻译界的影响，了解这期间我国翻译研究的走向及其特征，为 21 世纪我国的翻译研究提供参考。这一

---

1 《中国翻译》（包括其前身《翻译通讯》）1980 年至 2000 年全部期刊，均为本文参考文献，因涉及的文章太多，不便一一列出。特此说明。

纵向研究基本上以五年为一个阶段：1980年至1984年为第一阶段，1985年至1989年为第二阶段，1990年至1994年为第三阶段，1995年至2000年为第四阶段。

第一阶段：翻译理论与技巧研究类论文共有253篇，其中8篇涉及奈达的观点。例如：谭载喜评价了奈达的专著《翻译科学探索》，介绍了奈达在翻译性质方面的论点，引用了奈达关于词汇偶合的阐述。奈达对翻译工作者的基本要求（徐文保摘译）、读者反应论（包振南）、翻译的交际理论（劳陇）、自然的对等（郭建中）、效果对等（周珏良）以及翻译的四种途径（高厚堃）都得到了介绍和评论。这一阶段还介绍了另外五位外国翻译家的理论：彼特·纽马克的翻译理论与技巧（王宗炎）、巴尔胡达罗夫的《语言与翻译》（蔡毅）、N.卡什金的现实主义翻译论（蔡毅）、科米萨罗夫的《翻译语言学》（武学善）、加切奇拉泽的现实主义翻译理论（亦云）。

第二阶段：译介了奈达的《西方翻译史话》（张复星），指出《关于翻译学》是国外译学研究的第五个阶段（翻译理论研究阶段）的代表性著作（桂乾元），提及奈达1947年发表的《论圣经翻译的原则和程序》被德国著名翻译理论家威尔斯认为是现代译学研究的起源，还提及奈达的交际翻译理论与社会符号学翻译理论（谭载喜），介绍了奈达有关社会符号学翻译法的若干观点（罗进德），介绍了翻译的根本问题并不是语言的差异，而是文化的差异，译者应以社会符号学的观点，仔细考虑如何使读者接受的效果更好（陈宏薇），以及功能翻译理论（时和平）的新观点，研究了奈达用来表明翻译过程的示意图，说明翻译并不是一种物理性搬动，而是文化、思维上的移植（李泰然），还研究了剩余信息理论，认为它是信息论在语言学，特别是翻译学领域结出的硕果（孙迎春），评介了《奈达论翻译》，认为它是我国翻译界一本较完整的、科学化的翻译理论书籍，它全面系统地阐述了美国著名语言学家和翻译理论家奈达的翻译理论，运用语言学、现代信息学和符号学的观点，对翻译理论和实践所涉及的主要问题，进行了认真的分析研究，提出了许多精辟的论点，有利于推进我国的翻译工作。同时，中肯地批评了奈达独创的"通过核心句转换"的翻译方法不可行（劳陇）。也有人对动态对等提出异议，如：动态对等的翻译理论旨在使译入语读者获得源语读者的等值反应，但绝对的翻译等值是不存在的（郑伟波），动态对等强调把读者的反应作为评价翻译作品的标准的提法是有害的，而且是行不通的（钱霖生）。奈达翻译思想的发展与演变特别能说明西方译论中的语言学派的成就和发展趋势（刘宓庆），奈达对内容与形式重视程度的变化被引证为说明直译基础上的意译方法之切实可行（劳陇）。

翻译理论与技巧研究类论文共有238篇，其中19篇引用了奈达的观点。引用的观点仍然集中在动态对等、等同读者反应论及翻译的定义上。

这一阶段介绍了更多外国翻译家的著作和翻译思想。它们是：费道洛夫的语言学翻译理论（钱育才）、斯米尔达诺夫的等值翻译论、伊·卡尔金的现实主义翻译论、马特西乌斯创立的信息等值，主述位切分的等值论（陈用仪）、乔治·穆南论文学翻译质量的概念（杨建钢）、斯坦纳的 *After Babel*（庄绎传）、纽马克在《翻译方法》中对交际翻译与语义翻译的论述（林小芹）、爱德蒙·卡里的文艺学翻译观、让·保尔·维纳和让·达贝纳关于《法英修辞比较研究》如何影响法国的翻译理论的研究（杨建钢）、施瓦茨、佩博克、汉斯·费尔梅的翻译思想（桂乾元）、艾特玛托夫的文学翻译观（陈学迅）、E.本特利的翻译观（刘凯芳）和安娜·利洛娃的翻译理论概述（胡真）。

这一阶段还介绍了埃德加·安德烈的翻译思想（孙慧双）、辛格的翻译思想（郭建中）、格雷戈里·拉巴萨关于"译者犹如演奏家"（仇新年）的论述，对萨沃里的《翻译艺术》（轩然）以及别林斯基文学翻译观的科学性与严谨性（王育伦、姜万硅）也有较详细的介绍与评论。

此外，刘宓庆的《西方翻译理论概评》一文对西方译论的盛衰作了精辟的概述。郭建中的《论西方的翻译对等概念》则将奈达的对等概念与雅可布逊等人的对等概念进行了比较研究。

第三阶段：翻译理论与技巧研究类论文共有167篇，其中引用奈达观点的论文有20篇。引用的观点集中在翻译的定义、等效翻译原则、动态对等、汉语和英语最重要的差异是形合与意合、诗的格律不可译、尽可能以段落为翻译单位、语言之间的共性远远超过各自的个性等方面。这一阶段的论文，对奈达与纽马克的翻译理论进行了比较研究（林克难），介绍了奈达对语言的分析和对语言与文化关系的阐述（孙玉），但批评奈达的论文增多了。有的论文认为奈达的等值反应论被过分抬高，其实它只是一条理想的翻译原则，因为，从读者反应批评理论的角度看，相等反应只能是一种幻觉（王守仁）。有的论文认为西方语言学派以等值为中心而进行的翻译研究不仅无法阐明翻译中的许多问题，而且歪曲了翻译的基本问题，因此不宜用于翻译研究（吴义诚）。

这一阶段还介绍了另外几位外国翻译家的理论。它们是：巴斯克斯·阿约关于翻译的分析单位的论述（李晓棣）、卡特福特关于翻译和教学的论述（穆雷）、阿伦·达夫的《翻译》及纽马克的《翻译教程》、纽马克的新词翻译观（曹建新）、霍尔特的戏剧翻译观（成梅）、西杰尔·弗洛林关于翻译中不可译因素的阐述（陈洁）、丹·斯珀伯与迪尔德丽·威尔逊的关联翻译理论（林克难）、纳科博夫的文学翻译理论（梅绍武）。许钧介绍了1963年至1993年间法国翻译理论研究的概况，对法国翻译学研究的发展脉络进行了分析，还引入了安托瓦纳·贝尔曼、R.拉德米拉尔、亨利·梅施尼克的翻译诗学及达尼卡·塞莱斯科维奇的释义理论（许钧）。

第四阶段：翻译理论与技巧研究类论文共有191篇，其中，引用奈达翻译理论的有45篇，引用翻译定义的有7篇，引用文化分类的有4篇。引用的其余观点有：优秀的翻译听起来不像是翻译过来的东西，高质量的翻译永远是一种艺术；保存内容而改变形式的程度要视语言与文化之间的差异大小而定；语言具有传达同一命题的种种方式；翻译单位越大，译文越自然。批评奈达翻译理论的文章更多了。如：批评奈达和西方评论家提出的等值或等效标准过于理想化（杨忠、李清和）；动态对等适用于以传教为目的的圣经翻译，却未必适用于其他作品的翻译，甚至未必适用于以学术研究或文学欣赏为目的的圣经翻译（张南峰）；奈达翻译理论有其局限性（刘靖之）；奈达的翻译理论是圣经翻译理论，不能对奈达的话囫囵吞枣，不能将其引申成普遍翻译理论（黄邦杰）。但也有人认为运用功能对等理论编纂汉英成语或谚语词典行之有效，是由微观语言结构到客观语言结构，以及由静态到动态的渐进过程（衡孝军、王成志）；还有人运用奈达根据读者反应论设计的翻译检验模式研究译者在翻译过程中的地位（张冲）。

这一阶段还介绍了其他翻译家的治学道路与成就。介绍了R.阿埃瑟对翻译研究的看法（许钧），以苏珊·巴斯奈特与安德雷·列费维尔为代表的翻译研究学派的观点（韩加明），纽马克的关联理论翻译观，凯瑟林娜·雷斯、汉斯·威密尔和贾斯塔·赫兹·曼塔利的德国功能派翻译理论（仲伟合、钟钰），韦努蒂的解构主义翻译策略（郭建中），莫里斯·贝尔尼埃、让·马克·古昂维奇和让·皮特斯的社会语言学翻译观（俞佳乐），霍姆斯的译学构想（张美芳），哈延姆的广义语言学研究，以及基特尔与弗兰克的翻译研究方法（申丹）。此外，对美国翻译培训班、翻译科学、翻译学、多元体系说和解构主义等五大当代翻译学派也有简要介绍（赵家琎）。

3 调查结论

根据以上四个阶段的调查数据，我们可以得出以下结论：

第一，奈达的翻译理论，是较早、较系统地介绍到我国的西方翻译理论，受到我国翻译工作者的欢迎。现在仍然为我们所关注。

第二，奈达的翻译理论很丰富，但我们研究的焦点只集中在少数几个重要观点上，如翻译的定义、翻译的标准（动态对等、功能对等）、读者反应论等。奈达对符号与意义、符号与翻译关系的阐述，简约而深刻，但无人提及。这说明我们对奈达的研究还不够。

第三，对奈达的翻译理论，第一阶段以介绍为主，第二阶段译介更多，但对他的功能对等、等值与读者反应论等观点已有明确的批评意见，第三阶段仍然坚持译介，但对上述观点的批评很尖锐且有理论深度，第四阶段的批评既尖锐又深刻，但仍然有人运用他的观点解决翻译研究中的问题。这说明我国翻译工作者对奈达的翻译理论，有借鉴但不是全盘吸收，有批评但不是全盘否定。这是我国翻译研究方法趋向成熟的一种标志。

第四，对奈达翻译理论的译介与借鉴，只是西方译论研究的一部分。与奈达理论同时引入的就有纽马克的译论。关于西方译论的译介，第一阶段很少，第二阶段便明显增多，第三阶段更多，第四阶段，除了介绍译家个人的翻译思想，还详细介绍了西方不同翻译学派的主张及其代表作。这体现了我国翻译工作者视野的开阔、学术目光的敏锐、研究视角的转换、理论水平的提高，也是我国翻译研究走向成熟的一种标志。

第五，奈达在我国影响很大。《中国翻译》杂志，除了介绍奈达，还介绍了美国、英国、法国、德国、苏联、保加利亚、比利时等多个国家的，古代和现代的其他翻译家的成就与思想，让读者领略了国内外近百位翻译家的风采。奈达是一位受到我们尊重和热爱的美国翻译理论家，但他并不是我们的唯一。

所以，奈达改变了观点，并没有乱了我们的方寸，更不会影响我国翻译研究的发展。我们尊重奈达，认为他是一位不断对翻译进行探索和研究、努力实现理论与实际相结合的翻译家，他著作等身，为翻译研究作出了巨大贡献。但当世界上各种翻译研究学派迅速发展壮大，翻译研究走向全球化的时候，奈达显然未能跟上这股潮流。笔者认为，当他的社会符号学翻译观变为社会语言学翻译观时，他已在走回头路，因为社会语言学的研究范围比社会符号学的研究范围要狭窄得多，当他提出翻译不要理论时，他就在走下坡路。尽管他现在认为翻译理论无用，但并未推倒自己倾毕生心血构筑的翻译理论大厦。所以，奈达现在的翻译观，不能被视为其一生翻译研究与实践的总结（张经浩，2000）。也不能因为他否认了理论的作用，我们就放弃理论研究。

4　质的飞跃

在调查《中国翻译》相关内容、研究"奈达现象"的过程中，笔者惊喜地发现，我国的翻译研究在第四阶段取得了质的飞跃，体现在下列四个方面：

第一，对西方译论的介绍，具有前沿性、系统性：既介绍个人的译论，又介绍学派的观点；既有介绍，又有评论。这使我们能从宏观上了解西方译论的研究，有助于形成我国的翻译研究学派。

第二，研究重心转移到了我国的翻译理论研究及翻译学科建设上。共有

11篇对我国翻译理论研究及翻译学科建设具有指导意义的论文。刘宓庆在《翻译理论研究展望》中，从五个方面预测了我国翻译研究的前景，批评有些人夸大了奈达等人研究成果的普遍意义；杨晓荣在《翻译理论研究的调整期》中，对国外译论在我国的传播情况和我国译论的建设情况作出了评价；张柏然、姜秋霞、孙致礼、董史良分别就翻译理论建设发表了自己的观点；许钧则对译论研究作出了客观的基本估价，对译论研究中的几种倾向进行了批评（如文艺学派对语言学派的绝对排斥倾向，中西译论的相互排斥倾向，翻译研究中的片面倾向），提出了11条建议，就加强翻译学科的建设提出了自己的看法；王东风在《中国译学研究：世纪末的思考》一文中对比了中西译学研究的异同，呼吁我们应有自己的翻译理论家；杨自俭就翻译学科的名称、内涵、外延，以及如何看待我国传统译论等问题发表了自己独到的见解；王宁则将翻译研究纳入全球化时代的文化研究之中。香港翻译家的参与，给我们的译论研究增添了亮点，如孔慧怡的《中国翻译研究的几个问题》，朱纯深的《走出误区　踏进世界——中国译学：反思与前瞻》。谭载喜关于中西译学研究的系列论文，从中西译论相似与相异的对比深入到中西社会文化和中西翻译传统的对比，这种系统的、寻根式的对比研究，对我国翻译研究的系统化与科学化、对形成我国的翻译研究特色，都具有指导意义。除此以外，林璋与穆雷撰写的译学研究综述，回顾了过去一年中翻译界的重大学术活动、译论和译著的出版情况、翻译研究的成果与动态、不同观点的交锋、翻译教学情况等翻译学科建设的方方面面，对来年翻译研究应注意的问题提出自己的看法。这种回顾与前瞻，是一种系统性的宏观研究，能及时总结成绩，发现不足，有助于翻译研究的发展。

　　第三，翻译研究出现多元化与多极化趋势。研究的理论框架、方向、层次、内容都不统一，各种观点与方法共存共生。这种包容性特征有利于译学发展。只有博广，才能精深。只有百花齐放，翻译研究才能欣欣向荣。

　　第四，学术队伍日趋成熟。我们的学者既能继承我国宝贵而丰富的传统译论，也能用其所长，去其不足，形成自己的译论；既能借鉴西方的译论，也能根据汉语和外语在语言文化方面的差异进行创新，发展适合汉外互译的译论。

理论底蕴日渐深厚，研究目的日益明确，心理素质逐步增强，我们可望在翻译研究领域迅速取得突破性进展。

上述研究，特别是 1995 年至 2000 年间的翻译研究的特征说明，我国的翻译研究正走向成熟。虽然路还很长，还要做大量艰巨的工作，但我们坚信：我们的目的一定要达到，我们的目的也一定能够达到。

参考文献

- 刘四龙. 重新认识翻译理论的作用——对奈达翻译思想转变的反思 [J]. 中国翻译，2001（2）：9-11.
- 张经浩. 与奈达的一次翻译笔谈 [J]. 中国翻译，2000（5）：28-33.

八 慧眼识主体
——评方梦之教授的应用翻译主体研究[1]

1 重视对译者的研究

方梦之教授是我国翻译界著名学者、资深翻译家,也是我国应用翻译学科的领军人物。他既有丰富的应用翻译实践与教学的经验,又在广博、深入研究翻译本体理论与相关理论的基础上,将目的论与文本类型论作为重要理论,对应用翻译研究的原理、策略和技巧进行了较全面的研究,绘制了我国应用翻译研究的蓝图,确定了应用翻译的六个主要理论范畴——应用翻译的宏观理论、中观理论、微观研究、分类研究、术语与术语库、翻译的地方化与全球化,为我国应用翻译学科的建立作出了重要贡献。他指出,应用翻译的宏观理论研究翻译主体和客体之间的各种关系,包括作者、作品、译者、译品、读者、中介人,以及相关的客观世界、评价体系和基本范畴体系,包括它的本体论、价值观、方法论、认识论,是学科的灵魂(方梦之,2011b)。他将译者列入应用翻译宏观理论的研究范畴,笔者不仅赞同而且非常欣赏。

译者是从事翻译研究或实践的主体,但在广为传播或引用的霍姆斯-图瑞的翻译学架构表中,译者竟无一席之地。刘宓庆指出了该架构表的缺陷,

---

[1] 原载《当代外语研究》2014 年第 2 期,45—47 页。研究数据以论文发表年代为参照。

但在他修订的翻译学架构构想中,译者仍然没有一席之地(刘宓庆,2003)。这种缺失其实很不合理。难道在翻译学科的构建中,译者的作用与贡献只能隐身于翻译史、翻译思想、翻译策略和翻译方法中吗?难道译者理所当然就是翻译学科的建设者,就不需要研究了吗?难道因为匿名性是应用翻译文本的本质特征,我们就可以不重视应用翻译译者的研究吗?应用翻译研究和文学翻译研究都是研究译者为何做翻译,怎样做翻译,完成了什么样的翻译,其翻译社会影响如何等问题的,因此,在应用翻译研究中,对译者(或翻译主体)的研究不能忽视。方梦之教授将其作为学科灵魂的一部分,足见他对译者的重视,可谓慧眼识主体。

2 开创性的译者工作心理研究

虽然方梦之也说,在世上所有的职业特质和形象中,恐怕很少有比译者(特别是笔译)的更为扑朔迷离了(方梦之,1999),但他却对译者的职业特质进行了开创性的研究。在专著《翻译新论与实践》(方梦之,1999)中,他辟专章论述译者的角色、译者的情感和需要、译者的个性、译者的再创造和译者的素养。特别是他对译者工作心理的研究,揭开了"黑匣子"的秘密,富有开创性。他认为:

> 一个负责的译者,决定翻译一部作品或一篇文章后,他的工作心理一般是从完善自我(对原作而言)到表现自我,最终达到实现自我。完善自我是为了更好地表现自我,而表现自我是为了最终自我实现。在表现自我的过程中进一步完善自我,而自我实现又是完善自我和表现自我的动机。如此三位一体,构成一个循环的心理图式。(方梦之,1999:92)

实现自我价值是多么诱人的动机！表现自我的过程是克服困难、跨越差异的艰苦历练，但它能帮助译者完善自我。这对译者是莫大的鼓舞！方梦之还认为：

> 有了丰富的知识，译者才能在翻译思维过程中顺利地进行分析与综合、概括与抽象、比较与鉴别。有了丰富的表象材料，译者依据语言文字、图样、符号的描述或示意所作的再造想象才能顺畅。表象是想象的基本材料，没有必要的基本表象，大脑就无法进行合乎现实要求的、鲜明的再造想象；记忆表象越充实，再造想象越生动、越具体，译文才可能更贴近原文的形象或场景。（方梦之，1999：93）

这段描述无疑能启发从事图文并茂应用文本翻译的译者去提高素养、胜任工作。译者工作的过程可视为表现自我的过程，也是"考虑到原文和读者的一个自我选择过程。选择是多方面的，包括翻译方法、文体、句式以至同义词的选择。选择的幅度因人而异，莘莘学子当不能望学富五车的学者之项背。前者的选择余地不大，多死译、硬译；后者游刃有余，表达从容……翻译的整个过程就是一个连续不断地选择的过程。且不说一开始对原作的选择，原作选定后，先可选择决定翻译的类型：全译、摘译、缩译或以译为主的综述。开译后，大至篇章的格调与布局，句间、段间的衔接与连贯，小至注释的应用及其方式（夹注、脚注，还是文末注）等，无一不需要译者的精心选择。无数选择的结果就形成译者的个人风格"（方梦之，1999：94，99）。应用翻译译者面临的选择更多，应用翻译学科的各个方面都是供译者选择的广阔天地，而译者的选择和富有创意的研究与实践又会推动应用翻译学科的发展，它们之间互相依存的关系有力地证明了应用翻译译者和译者风格研究的重要性。

方梦之特别论及了应用翻译译者的情感和需要。大家都知道人是富有情感的个体，但唯有他指出，情感会作用于译者的选材和译者的态度。"在科技翻译中，往往是先有译材，然后译者培养情感并进而翻译。这并不是不可能，因为文字化的情感已有了确定的涵义，而人的情感也并不是天生的，是可以培养并通过知识结构来充实丰富的。……译者是否具备强烈的情感在翻译中表现为其能否具备持久的注意力和深入感知翻译材料的兴趣。一般说来，在强烈情感的驱使下，译者的深层心理容易被唤醒，对译材的情感世界与译者内心世界中积累的种种情感相互撞击而融化，从而激发出新的情感并凝聚于译文中。"（方梦之，1999：86，87）。接着他举例说明自己的观点。

> The many colors of a rainbow range from red on the outside to violet on the inside.
>
> 译文一：虹的多种色彩的排列是由外面红到里面紫。
>
> 译文二：虹有多种色彩，外圈红，内圈紫。

很明显，译文一既生硬呆板又不符合中文表达习惯。其原因之一是译者自身的情感没有调动起来，从而导致心理深层次的知识和经验受到了压抑。在译文二中，译者将有关彩虹的知识经验和情感与原文结合起来了，译文便显得生动，也符合汉语的习惯（方梦之，1999）。方梦之透过言语表象，在心理和情感层面发现了问题的症结，对从事应用翻译的译者如何提高个人素养具有参考价值。

方梦之对译德的强调也有别于他人。他承认译者作为社会的人有低级需要和高级需要，译者从事翻译活动一定得有基本的物质保证，但译者不能为满足低级需要而将翻译变为市侩的牟利手段，致使质量低劣的翻译产品充斥翻译市场。他鼓励译者树立远大的理想与抱负，培养事业心与成就感，在充满挑战的翻译活动中实现自身的价值，唯有这种高级需要才能给人带来精神上的满足和愉悦。以这种方式进行译德教育更贴近社会实际，译者易于接受。

3 在教程中强调翻译主体的社会角色与创造空间

方梦之对译者的重视,在他编著的几本教程中也有充分的体现。《英汉翻译基础教程》(方梦之,2005)的概论部分只论述了翻译目的、翻译主体与译者的职业素养,在"翻译主体"小节中,他用简约的语言说明译者的社会角色与创造空间(包括再造想象、设立新名、转换语言形式、调整文体结构)。在同年出版的《英汉－汉英应用翻译教程》(方梦之、毛忠明,2005)中,第一章总论的第一节便是"翻译主体",内容与前书相似,但将"译者的职业素养"并入"翻译主体"中,这一调整使"翻译主体"在翻译教程中的论述更完整。在2008年再版时,为了便于高校翻译专业和英语专业的本科生使用,该教程"删去了原书中对翻译实践指导意义不大的理论阐述"(方梦之、毛忠明,2008:Ⅳ),但完整保留并扩充了"翻译主体"的内容。"翻译主体"在他与范武邱编著的《科技翻译教程》(2008)中同样是概论部分的主要内容。

上述教程在论及译者素养时,都将IT技术单独列出以引起教师和学生的重视,这在同类教程中并不多见。"一名不懂一点IT技术的译者很难胜任时代的快节奏要求。译者要利用网络与委托人沟通,通过网络试译、承接任务、传送译文。译者要利用委托人的数据库和自己的数据库在计算机上从事翻译工作;还要利用不同的翻译软件,特别是CAT(computer-aided translation)软件作为辅助翻译手段。采用计算机辅助翻译至少可减少不同专业的译者50%至70%的劳动量。"(方梦之、范武邱,2008:8)这段话简明扼要地说明了IT技术是新时代翻译市场的需要,也是译者工作的需要,也是提高翻译质量和效率的需要。学生读后怎能不努力学习IT技术呢?

4 在辞典中凸显翻译主体并展示应用翻译家的思想与成就

重视翻译主体的学者自然重视翻译家研究。方梦之1991年就采访过科技翻译家叶笃庄先生,发表了《锲而不舍 精益求精——访中国译协副会长叶笃庄研究员》,1995年他采访长期从事外语教学、编译、科技杂志编辑的章永源先生，发表了《耄耋之年 壮心犹存——访章永源先生》。1991年，他参与编撰的林煌天与贺崇寅先生主编的《中国科技翻译家辞典》出版，该辞典收录了具有高级职称和历代有影响的科技翻译家916人，虽然对每位译家的介绍十分简短，却也是科技翻译家研究的一大成果，凝聚着他的心血。

1997年，我国第一部翻译百科全书《中国翻译词典》出版并于次年荣获第十一届中国图书奖，他是该辞典的编委和主要撰稿人之一。

他所撰写的词目"翻译的个体性"，特别强调"在翻译研究中对优秀译者的经验总结是具有指导意义的"（林煌天，1997：170）。因为"翻译活动是以译者个人为中心展开的。译品在一定程度上反映出译者的个性……但是翻译思维是多层面的、立体的，它包括语言学、文艺学、美学、逻辑学、心理学等各种学科因素的交叉作用，反映译者的知识结构及对原作的理解与体察，还包括译者个人对原著的激情和追求，以及社会政治文化对译者的影响"（林煌天，1997：169）。

那部词典收录了3 700多个词条，正文只分"综合条目"与"百家译论"两部分，"翻译人物（或翻译家）"与"翻译理论"等八方面内容编在"综合条目"内，词条按音序排列，如瑞典著名汉学家、翻译家"高本汉（Karlgren, Bernard）"的词条与"冈察洛夫作品在中国"在一起，这一体例不利于读者了解翻译家或从事译家研究，尽管第二部分"百家译论"收录的200多位中外译家的翻译观极具参考价值。

2004年，方梦之主编的《译学辞典》问世。他将"译者 译本"作为一类词目，收录28个主词条，含7个次词条。由于词目基本按笔画排列，"翻译主体"成为该类词目的最后一个主词条，其定义为："常指译者或称译者主体（以翻译行为本身而言）。但有人对'翻译'从广义上理解，认为翻译活动的全过程除有译者主体参与外，还有作者主体和读者主体参与；因为作者提供原本，原本是翻译的基础，读者参与原本和译本的价值创造；因而翻译主体应包括译者主体、作者主体，甚至读者主体。"（方梦之，2004：88）"有人"是指持现代阐释学观点的学者，他们的观点能及时得到反映，体现了他宽广的学术视野。

"国外人物"和"国内历史人物"作为两类词目，分别介绍63位国外翻译家和 82 位国内翻译家的翻译观与成就，在国内历史人物中，科技翻译家有 49 位，足见他对科技翻译家研究的重视。

2011 年，方梦之主编的《中国译学大辞典》出版并于同年荣获两年一度的上海图书奖一等奖。这不仅是他对我国翻译学科建设的重大贡献，也是他对翻译主体研究，尤其是应用翻译家研究的贡献。

该辞典分三部分："分类词目""译论百部"与"译学百论"。"翻译主体"列为第一部分 27 个分类词目中的第 5 类，"国外人物"与"国内人物"分别列为第 26 类和第 27 类。第三部分"译学百论"也将"国外译论"与"国内译论"分开陈述。这一体例显示了译者作为翻译主体在译学建构与实践中的作用。

"翻译主体"作为单独词目有 30 个主词条，含 33 个次词条，内容十分丰富，涉及与翻译主体（译者）密切相关的各类文本、与译者工作密切相关的各种人（代理人、发话者、受话人、发起人、源出者、委托人、赞助人、接受者、读者、媒介者）、版本和版权、译本（含不忠的美人、伪译、胡本）、译作（含旧译、新译）、译风（含死译、逐字译、硬译）、译德（含抢译、乱译、胡译、滥译）和译者（含主观能动性、译者个性、译者风格、译者主体性、译者角色论、翻译立场），几乎涵盖了与译者从事翻译活动密切相关的方方面面，可视为研究翻译主体的关键词。按辞典凡例，"分类词目排序主要考虑内容，在与内容无关或关系不大的情况下，词条按笔画排序"（方梦之，2011a：X）。"翻译主体"词目的第一个词条便是"翻译主体"，其定义为："狭义上指译者，或称'译者主体'（以翻译行为本身而言）。从广义上理解，认为翻译活动的全过程除有译者主体参与外，还有作者主体和读者主体参与；作者提供原本，原本是翻译的基础，读者参与原本和译本的价值创造；因而翻译主体应包括译者、作者、读者，甚至包括委托人、赞助人等。"（方梦之，2011a：81）在翻译市场中，对译者这个主体产生影响的委托人与赞助人也成为广义的翻译主体，这是新的观点。

在方梦之撰写的主词条"译者"下面，第一个次词条便是"主观能动性"，它体现在选择原文（即使对委托人的委托也是可选择的）、解读原文（译者有权根据自己的理解去翻译）、决定翻译方法、决定表达方式和应用翻译技巧方面（方梦之，2011a：90）。该词条提醒译者摆脱仆人意识，做翻译的主人，但需要用译德规范来约束自己的行为。第四个次词条"译者主体性"又进一步阐明，译者主体性亦称翻译主体性（如果翻译主体专指译者的话），亦即译者的主观能动性，它贯穿翻译活动的全过程。译者主体性研究对翻译研究、中外文学关系研究和文学史的编写都有重要意义（方梦之，2011a：91）。对中外科技文化交流和应用翻译史的研究又何尝不是如此呢？

在50条"国外人物"词目中，除了西塞罗、哲罗姆和泰特勒等3位对我国译界学人有影响的翻译理论家，该词典还介绍了13位应用翻译理论家。在82条"国内人物"词目中，该词典介绍了对我国翻译事业有重大贡献的徐光启等50位应用翻译家（包括安世高等11位佛经翻译家）。

"译学百论"有103个词条，旨在"集中展示百余位论者的译论建树，反映现当代国内外翻译研究的理论精要和重要流脉，勾勒出现当代译论的大致轮廓"（方梦之，2011a：vi）。这部分介绍的34位国外论者，都是理论家。在国内69位论者中，有13位从事应用翻译研究与实践，如严复（政论、科技）、张元济（文化、学术）、梁启超（政治、哲学）、成仿吾（马克思主义著作）、贺麟（哲学、翻译史）、程镇球（政论专著）、段连城（对外宣传）等。除了历史人物，他还介绍了"现今活跃在我国译坛的，在某个（些）方面有建树的翻译理论研究者"（方梦之，2011a：vi）；还有些论者既研究普遍翻译理论，又研究应用翻译理论与实践，如李亚舒、方梦之、郭建中、阎德胜、曾利沙、张美芳等。这些词条较详细地介绍了论者的教育学术背景、翻译思想或研究方法、代表性研究成果或学术贡献。这种集中展示仿佛向读者打开了译学百宝箱，那闪光的思想使人感到我国应用翻译研究源远流长，与我国的社会发展息息相关，可供应用翻译研究发展的理论宝库流派纷呈、硕果累累，应用翻译学科的发展前途无量。

5 结语

方梦之教授具备丰富多样的翻译实践经验，在此基础上几十年如一日从事翻译研究，非常重视翻译主体与翻译事业发展的关系。他对翻译主体、对翻译家，特别是对应用翻译家的研究，成果卓著，为我国译学，特别是应用翻译学的发展作出了重要贡献。他的研究轨迹也为后来者提供了思路与范例。

笔者感到，与应用翻译研究的其他方面相比，对应用翻译译者的研究仍有待加强。

查询中国知网（截至2014年1月3日），以译者为篇名的文章有4 267篇，最早的研究题为《做鲁迅那样的译者与编者》（作者：明天），刊载于1956年6月的《读书月报》。但以应用翻译译者为篇名的文章为0篇，尽管应用翻译的研究论文达113 655篇之多。可见，应用翻译译者尚不为"知网"所知。

查询以翻译主体为篇名的文章信息，结果有180条，首位研究者是袁莉，她的论文《也谈文学翻译之主体意识》（1996）被引220次，下载1 085次。许钧的论文《"创造性叛逆"和翻译主体性的确立》（2003）被引1 051次，下载5 331次。穆雷与诗怡的论文《翻译主体的"发现"与研究——兼评中国翻译家研究》（2003）被引330次，下载2 562次。可见从1996年起，翻译主体开始进入研究者的视野。虽然研究成果不算少，尤其是许钧在其专著《翻译论》（2003）中，用整个章节，52页的篇幅全面且深刻地论述了有关翻译主体性的重大问题，但上述研究多为理论推介与阐述，关注点多为文学翻译，针对应用翻译主体的研究寥寥无几。

穆雷与诗怡（2003）的研究"重点回顾了80年代之后我国的翻译家研究发展状况，评述其得失，并对今后翻译家研究的深入发展提出了一些思考和建议……（她们建议）除了文学翻译家，还要对科技翻译、法律翻译、外交翻译、各类口译、新闻翻译、政论翻译和各类实用翻译人才进行分门别类的研究"。10年过去了，也许这些研究正在进行中，但有影响的成果不多。

应用翻译主体研究是应用翻译学科发展不可或缺的重要组成部分，深入研究译者在应用翻译的社会活动中如何起作用及其社会反响，总结优秀译者的经验与思想，对提高应用翻译译者的素质，推动应用翻译事业的发展大有裨益。因此，笔者建议：

首先，针对应用翻译主体研究设立项目。应用翻译实践经验丰富的口／笔译者往往无暇顾及研究。可以组织相关人员研究其译事活动/译作，将其经验上升到理论以利于推广，并为应用型翻译专业教育提供实例。

其次，应用翻译各分支可组织相关人员对本分支理论与实践研究突出的口/笔译者进行研究。推出有代表性的人物，带动本分支的发展。

最后，应用翻译文本的匿名性的确给研究译者带来困难，但并非不可为。委托人或翻译公司也可以作为研究对象，因为它们从事翻译活动的组织与运营工作，对译员的素质、译材的挑选、译作的质量、译作的评估都有具体的要求。研究这些要求，即它们的取舍标准与操作程序，既可以帮助这些公司创造自己的品牌，也可以帮助业内人员了解这些公司，活跃翻译市场，促进产学结合。

笔者希望，应用翻译主体研究能得到足够的重视，能从隐性研究（隐身于翻译史、翻译思想、翻译策略与翻译方法的研究）转向显性研究，让默默无闻的应用翻译译者形象矗立在公众视野中。

参考文献

- 方梦之. 锲而不舍 精益求精——访中国译协副会长叶笃庄研究员 [J]. 上海科技翻译，1991（1）：31-37.
- 方梦之. 耄耋之年 壮心犹存——访章永源先生 [J]. 上海科技翻译，1995（1）：38.
- 方梦之. 翻译新论与实践 [M]. 青岛：青岛出版社，1999.
- 方梦之. 译学辞典 [Z]. 上海：上海外语教育出版社，2004.
- 方梦之. 英汉翻译基础教程 [M]. 北京：中国对外翻译出版公司，2005.
- 方梦之. 中国译学大辞典 [Z]. 上海：上海外语教育出版社，2011a.
- 方梦之. 我国的应用翻译：理论建设与教学——第四届全国应用翻译理论研讨会侧记 [J]. 中国翻译，2011b（3）：34-36.
- 方梦之，范武邱. 科技翻译教程（翻译专业本科生系列教材）[M]. 上海：上海外语教育出版社，2008.
- 方梦之，毛忠明. 英汉-汉英应用翻译教程 [M]. 上海：上海外语教育出版社，2005.
- 方梦之，毛忠明. 英汉-汉英应用翻译综合教程（翻译专业本科生系列教材）[M]. 上海：上海外语教育出版社，2008.
- 林煌天. 中国翻译词典 [Z]. 武汉：湖北教育出版社，1997.
- 林煌天，贺崇寅. 中国科技翻译家辞典 [Z]. 上海：上海翻译出版公司，1991.
- 刘宓庆. 翻译教学：实务与理论 [M]. 北京：中国对外翻译出版公司，2003.
- 穆雷，诗怡. 翻译主体的"发现"与研究——兼评中国翻译家研究 [J]. 中国翻译，2003（3）：12-18.
- 许钧. "创造性叛逆"和翻译主体性的确立 [J]. 中国翻译，2003（3）：6-11.
- 许钧. 翻译论 [M]. 武汉：湖北教育出版社，2003.
- 袁莉. 也谈文学翻译之主体意识 [J]. 中国翻译，1996（3）：4-8.

第三部分
翻译符号学途径探索

导　言

　　自 1986 年接触符号学理论以来，我对它的兴趣渐增，孜孜不倦地求索研究。这三篇论文记载了其中的一些片段。

　　诚如"自序"所述，我在编写第一、二部教程时都介绍并使用了社会符号学翻译法。但是教程只能介绍其主要观点并指导学生实践，不宜进行详细的理论阐释。因此，我将理论阐释写成论文发表，这便是第一篇论文。

　　我认为翻译研究本质上就是跨学科的综合性研究，它需要有一种支柱理论作为支撑性的方法，将各种学科的基础理论融合到翻译研究中，社会符号学翻译法就是一种比较理想的方法。论文首先介绍了奈达与社会符号学翻译法，欣赏他以深厚的语言功底与广博的文化体验，经历了多种翻译方法的科学探索，将社会符号学引入翻译研究的创举，赞同他将翻译这一符际交际活动大张旗鼓地置于社会大舞台上，从而深化了人们对翻译的认识，拓宽了翻译研究的领域。接着，论文介绍了韩礼德的社会符号学语言理论，认为它正好弥补了奈达理论的不足。最后，论文综合了这两位学者对符号、语言、社会及文化的深刻论述，从翻译的定义以及相关概念、翻译的标准与翻译的过程三个方面，对这一方法进行新的理论阐述。重申社会符号学翻译法有利于避免认识论和方法论的偏差，有利于全方位、多视角地研究翻译，是一种较为理想的，在跨文化交际的大视野中进行翻译研究的方法。

第二篇论文论述了符号学与文学翻译研究的关系。我认为，社会符号学是符号学的分支，与符号学的基本原理一致。对社会符号学翻译法的研究，特别是对符号学的由来与发展的研究，都能证明符号学适用于文学翻译研究。论文论述了将符号学应用于文学翻译研究应具备的八个观念，特别指出，用符号学观点看待文本内外的世界，可以认识到文学文本意义的多维性和理解文学文本的多种可能性，在跨文化交际视野中研究意义将使意义在文本中的再现更趋客观和准确。论文还简要陈述了接受理论、多元系统论和巴赫金的话语理论在文学和翻译研究中的运用，说明符号学具有深厚的哲学基础，具备串接多种理论的功能，以符号学为基础建立的集成理论系统有助于将文学翻译研究推向新的高度。

我有一个梦想——寻找翻译符号学途径。为此，我想方设法找到并学习了不少有关符号学的文献，研读、比较了许多将符号学应用于翻译研究和其他研究的论文。符号学有多个研究途径，我倾向于皮尔士的解释符号学。对世界著名符号学家苏珊·彼得里利的解释符号学翻译思想的研究让我受益匪浅，写就第三篇论文。

苏珊·彼得里利是国际符号学界一位非常活跃、极有建树的学者，其著述多运用解释符号学，从宏观的角度解释翻译。她的主要观点是：① 翻译即解释。② 翻译是符号行为，符号行为是生命的标准象征。相似关系是在解释符号的过程中处于支配地位的关系。她将翻译重新分类，几乎包含了一切形式的翻译。她认为语际翻译关注的是起点和终点，其间的解释工作却全是有关符号类型的，所以，语际翻译只能在符际翻译的基础上进行。她还认为，译者语篇是从源语转为他语的转述语篇，本质上属间接语篇，却又不同于间接语篇，作为一种非常普遍的语篇形式，它应有自己的名分。③ 符号伦理学与翻译关系密切。人类既然具备对符号进行思考的能力，就要对自己的符号和他者的符号负责。他者不只是有别于某人自身的他者，它包括地球上所有其他的生命。

我认为，她的解释符号学翻译思想可作为翻译符号学途径的理论基础。符号伦理学中的他者原则对翻译研究和实践有非常重要的意义。他者反应是译者在符号活动中不能忽视的重要因素。培养他者意识并关注他者，能加强自己的社会责任感，减少实用主义、利己主义对我们心灵的侵蚀，使教学与研究成为培养人文情怀、滋养健康人格的过程。我欣赏她的研究方法：继承皮尔士的解释符号学翻译思想，但不完全凭借逻辑推理和哲学思辨去发现新思想（新符号），而是学习、吸收西比奥克在地球符号学中将生命科学与符号科学相结合的理论，解释翻译的交际特征，拓宽并加深自己的研究。她的研究也有不足之处，我在论文中已一一指出。

在我国，将符号学应用于其他学科的研究已取得令人瞩目的成就，它在翻译学科研究中的应用却不尽如人意。若能在解释符号学的基础上构建翻译符号学途径，对深化发展翻译研究将有很大的意义。

九 跨文化交际视野中的翻译研究方法
——社会符号学翻译法[1]

1 引言

翻译是一种跨语言、跨文化的社会活动，针对这一社会活动进行的翻译研究，应以语言对比研究为主，因为翻译研究的对象首先是文本，文本多为由词语、句、段组成的篇章，所以翻译研究离不开语言学及从属于语言学的对比语言学、文体学、语用学、话语篇章分析学等分支。翻译研究本质上又是跨文化的，因为语言既是文化的一部分，又是文化的一面镜子，折射出社会中五彩斑斓或光怪陆离的文化现象，对比语言研究不能只是纯语言对比研究，而要植根于对比文化研究的土壤之中，所以，翻译研究天生便是跨学科的综合性研究。尽管翻译理论家和译者是语言学系列科学研究成果的最大受益者，但他们若不关注社会学、心理学、人类学、文化学、哲学、美学、文艺学、比较文学、文学批评等相关人文科学的发展，不善于吸收这些科学的研究成果，其翻译研究就难以深入。翻译研究本身具有复杂性与多学科性，它需要一种基于支柱理论的支撑性的方法，有效地将各种学科研究与翻译研究结合起来。

笔者认为，社会符号学翻译法便是这样一种比较理想的翻译研究方法。本

---

1 原载张柏然、许钧主编，《面向 21 世纪的译学研究》。北京：商务印书馆，2002 年，541—559 页。

文介绍的社会符号学翻译法以韩礼德的社会符号学语言理论为基础，以奈达的社会符号学翻译法符号学意义观为核心，兼收其他学科中适用于翻译研究的成果。也许它有"非驴非马"之嫌，但笔者认为，我国翻译研究的现状与实际决定了我们在翻译研究中所采取的理论与方法不宜"从一而终"，而要走综合的路子，因此不揣冒昧，将这一综合性方法呈现在读者面前，以期对创建有中国特色的翻译理论体系尽绵薄之力。

2 奈达与社会符号学翻译法

奈达是美国翻译家与翻译理论家，对跨语言、跨文化交际有深入的研究。他认为"符号学，即符号的科学，对更好地理解篇章诸多特征的含义十分重要，然而符号学的基本关系不是符号与所指之间的直线关系，而是符号、所指与符号系统之间的三维关系，该符号系统能确定符号与所指的关系"（Nida et al, 1983: 2）。他还认为："没有什么像符号那样渗透到人类生活之中。人所做的一切几乎都能组成符号，毫无疑问，人生在世参与的主要活动之一便是理解与解释符号，无论它们是文字还是行为。很明显，符号最重要的是其意义，既然符号意义只能按所在的系统加以解释，任何符号的意义也只能依其所在的结构才能确定。或许，语际交际最能使人意识到符号的意义，那正是本书特别强调翻译的原因，因为翻译不仅是符际交际活动，而且，十分明显，它是人们所能从事的最复杂的脑力劳动。"（Nida, 1984: 137）

奈达对符号学的认识无疑是中肯和精辟的，他将翻译界定为符际交际活动是对翻译认识的深化，促使他完成了翻译理论专著 *From One Language to Another*（Waard & Nida, 1986）。在该著作中，奈达再次强调，社会符号学翻译法不仅有助于人们更准确地了解词、句及篇章结构的意义，而且有助于人们更透彻地了解篇章涉及的事件与客体的象征意义。社会符号学翻译法对区别指称意义和语用意义特别重要，而且，它强调与信息有关的一切都有意义。例如，误用字体及排版错误都有意义，因为它们是符号。按奈达的社会符号学意义观，"符号学是分析符号的最全面的系统，文字符号的意义永远涉及一定的社会语境（social context）中某一交际的全过程。换言之，文本不能孤立于社会语境，对符号的解释与符号所在的结构（structure）有关，即任何文字符号的意义只能借助与其有关的符号才能得到解释"（转引自陈宏薇，1996：9-10）。

从以上论述可以看出，奈达将"符号所在的系统""符号所在的结构"与"社会语境"密切联系在一起，就是将语言和其他表意符号系统与社会紧密地联系在一起。对文本语言的理解，不能局限于对文字符号的字面意义与隐含意义的理解，而应深入理解文本中一切与语言有关的符号（包括行为），只有理解了后者，才有可能确切地理解前者。翻译这一符际交际活动，被奈达大张旗鼓地置于社会大舞台之上。这无疑深化了我们对翻译的认识，拓宽了翻译研究的领域。

但是，笔者还注意到：①尽管奈达强调符号学是最全面的符号分析系统，他却未按莫里斯的符号学意义三分法（指称意义、言内意义与语用意义）对《圣经》翻译进行词组、语法与修辞分析，而是另辟蹊径，侧重讨论如何在上述三个语言层面上实现指称意义与联想意义相符。②他提出"功能对等"的翻译标准，将语言的交际功能分为九大类，即表达功能（expressive function）、认知功能（cognitive function）、人际功能（interpersonal function）、信息功能（informative function）、祈使功能（imperative function）、行事功能（performative function）、情感功能（emotive function）、美感功能（aesthetic function）及元语言功能（metalingual function）。这种分类似乎过于烦琐，而且功能与意义的关系未加阐明。

奈达以其深厚的语言功底与广博的文化体验，经历了多种翻译方法的科学探索，将社会符号学翻译法引入翻译研究，将翻译研究推向了新的高度。然而，他的社会符号学翻译法仍有上述不足之处。到1993年，奈达（Nida，1993：164）还一如既往地强调："或许，社会符号学这门研究人类社会所使用的一切符号系统的科学，对人们理解翻译有最重要、最深远的影响。符号学翻译法优于其他翻译法，最突出地表现在它能处理各种符号与代码，尤其是它能将语言作为人所使用的一切符号系统中最全面、最复杂的符号系统。任何全面的翻译法都不能将符号学这门对符号进行解码、编码的科学排除在外。"然而奈达并未进一步深入研究社会符号学,而且,他近年的翻译研究范围还缩小到了社会语言学(Nida,1996)。这似乎是一种倒退。因为社会语言学的研究范围一般只限于研究语言与社会之间的关系,特别是研究语言使用中的变异现象与社会环境之间的关系,即使将社会学、心理学、哲学等不同社会科学对语言及文字的研究都纳入社会语言学的研究范围,它的研究范围也没有社会符号学那么宽泛。其他表达意义的符号系统,如舞蹈、音乐、绘画、身势语、行为、心理特征等都与社会有关系,这些符号都有可能在文本中由语言来描写或陈述,均应列入翻译研究的范围。

综上所述,奈达这位社会符号学翻译法的创始人,开辟了一条理想的翻译途径,提供了宝贵的经验。但他的方法要应用于我国的翻译研究,仍需补充与完善。

3 韩礼德的社会符号学语言理论

韩礼德全面论述了语言的社会符号性。他的社会符号学语言理论正好弥补了奈达的不足,成为社会符号学翻译法的支柱理论。

韩礼德认为符号学应被"视为研究符号系统的科学"(Halliday,1990:3),于是,"语言学便成为一种符号学,它研究意义的一个方面。除了语言,还有其他许多表达意义的方法。从某种含糊的意义上讲,语言可能是最重要、最完整、最全面的表达意义的符号系统,虽然很难准确地描述语言是如何做到这一点的。任何文化都有许多其他表达意义的模式,它们都不属语言……这些意义系统并不由一套套孤立的符号组成,而是由一张张关系网络组成。正是从这点出发,我要用'符号的'(semiotic)来定义我们看待语言的方法:语言就是这样一种意义系统,它与其他意义系统一起构成人类文化……'社会的'(social)一词有两种含义,一是指社会系统(social system),我认为它是文化的同义词。所以,当我用'社会符号的'(social semiotic)一词时,我首先指社会系统或文化,一种意义系统。但我同时也意指'社会的'更具体的含义,以此表明我们特别关注语言与社会结构(social structure)的关系,因为我们认为社会结构是社会系统的一部分"（Halliday，1990：4）。韩礼德对符号学定义的修正，更突出了符号与其所在系统之间关系的重要性。他对"社会的"一词的解释，突出了社会可被视为一大符号系统的观点，并强调了"社会结构"对符号研究的重要性，这样，他将语言研究与社会结构联系起来，在此基础上发展了语域理论。

韩礼德的社会符号学语言理论包括以下六个方面：

3.1 文本（text）

"文本是具备功能的语言"（Halliday，1990：10）。任何在情境（context of situation）中起作用的语言均可称为文本。它可以是口语，也可以是书面文字，甚至可以是其他表达意义的符号。形式上，文本由词、句组成，实质上，它是意义的集合。它是产物（product），可记录下来供研究；它又是过程（process），是语义选择持续不断的过程，也是人们在意义的网络中不断游弋的过程，每套现有的选择都构成未来选择的环境（environment），所以，意义的选择是无穷无尽、没有终结的。

用社会符号学观点看待文本就应该透过文本的词语和结构将其看作与语言系统相关的一种过程，一种相互作用的事件，一种意义在社会环境中的交流。因此，文本是在某一特定的情境中实现社会意义的过程与结果（Halliday，1990）。

3.2 语境（situation）

语境是文本得以有生命力的环境，它可指说话或写作时的远环境。语境也可理解为语境类型（situation type），这样，它便成为一种符号学结构（semiotic structure），成为一种意义的集合，其意义源于符号系统，该符号系统是文化的一部分。

语境类型可以这样描述：其符号学结构是由语场（field）、语旨（tenor）和语式（mode）组成的三维复合体。语场指文本嵌入其中的社会行为（social action），其主题可视为一种特殊的社会行为表现形式；语旨意指参与者之间的相互关系与作用，文本的正式程度可视为一种特例；语式是所选择的渠道（channel）或波长（wave length），它实质上是指语言在语境整体结构中的功能，包括可解释为功能变体的方式（口头或书面）。语场、语旨和语式不只是语言使用的种类，也不只是言语背景的组成部分，它们还是一套观念系统，代表社会语境，该社会语境是人们交流意义的符号学环境（Halliday，1990）。

3.3 语域（register）

语域是语义的语体（semantic variety）。按语境的那套观念系统（语场、语旨、语式）来解释，语域便是典型的与特定社会语境相联系的语义表现形式。语域是由用途决定的语体，取决于言者在做什么，因此，它与语境密不可分。

韩礼德将语域分为两大类：封闭语域（closed registers）和开放语域（open registers）。封闭语域又称限制性（restricted）语域。具备该语域的文本，信息量有限，所用语言因固定模式所限，极其简短，如电报、国际航班飞机驾驶员与地面导航人员联系时所用的文本、桥牌中的叫牌、乐谱、菜单等。开放语域分好几种类型，如票、正式表格、贺卡上的诗等均属开放语域；较开放的语域包括新闻标题、菜谱等；更开放的语域有技术手册、法律文件。还有各种交易语域（transactional register），如拍卖会上的买卖、商店及市场上的买卖，医生与病人之间的交际语域（register of communication），学校教学所用的语域，人们日常交谈所用的语域等。任何语域都不是完全开放的，都在不同程度上受到该语域规约的限制。语域可以通过词汇及语法等表达意义的语言形式来识别。

3.4 代码（code）

代码指言者选择意义和听者解释意义的符号组织原则。代码是社会符号。"当语言的语义系统被文本的语场、语旨和语式三大要素激活时，这一过程是受代码调剂的。"（Halliday，1990：111）儿童在文化情景中学习语言时，同时也学会了代码。文化传递给儿童时，代码就像过滤器一样，帮助他理解并接受其文化的符号原则，这样，他既学到了文化也领会了如何从子文化的角度理解社会系统。儿童的语言体验通过代码向他揭示了文化，也将代码作为文化的组成部分传给了他。

3.5 语言系统（linguistic system）

韩礼德认为语言系统的核心是意义的功能结构（functional organization）。他对意义-功能的解释可简述如下：

语言的概念功能（ideational function）即内容功能，是语言表示"关于什么"的功能，也就是语言的概念意义（ideational meaning）。概念意义又可分为经验（experiential）意义与逻辑（logical）意义。人际功能（interpersonal function）是语言的参与功能，表示"做什么"的功能。言者通过该功能将自己置入情境中，既表达自己的态度与判断，又期望影响他人的态度与行为。该功能即语言的人际意义（interpersonal meaning）。文本功能（textual function）代表言者谋篇的能力，它使语言具备关联性，表达了语言与语言环境（已说过的话或已写下的文字）、语言与非语言环境之间的关系。因此，文本功能是概念功能与人际功能的支承功能，换言之，概念意义与人际意义只有与文本意义（textual meaning）相结合才能得以实现（Halliday，1978）。

3.6 社会结构（social structure）

韩礼德（Halliday，1978）所指的社会结构与社会语言学界定的社会结构相同。首先，它界定供意义交流的各类社会情景并赋予它们意义。决定"语旨"的不同社会集团和交际网络很明显是社会结构的产物，组成"语场"的社会活动及在语言模式中反映出的"语式"都是社会结构的产物。其次，它按交际者的社会作用决定交际方式，还能在一定社会语境中调整意义及表达意义的风格。最后，它通过社会等级作用以阶级的形式出现。深入研究社会结构，可以发现它以符号相互作用的形式存在，在语义系统中出现的混乱与不和谐是它存在的突出表现。文本（人们要表达的意义）与语义系统（人们能表达的意义）中的歧义、敌对、不完美、不相等和变化都反映了社会与社会结构的特征。总之，社会结构不是语言相互作用的装饰性的背景，而是语义系统与语义发展过程中的重要因素。

韩礼德的社会符号学语言理论全面论述了语言的社会符号性以及语言与社会的密切关系,强调了语言的交际功能与社会意义,其语域理论在鉴别、分析、评价文本的社会特征方面具有极强的操作性。

然而,当韩礼德的这一理论用于汉外互译这一符际交际活动时,笔者发现,其语义系统部分,即语言的功能－意义部分不便操作。一是因为韩礼德界定的功能太笼统,不能突出文学作品具备的美感功能与表情功能;二是因为他界定的意义未包括语用意义,即交际者在交际中的隐含意图(implied intention)和反应(feedback),这是翻译过程中不可或缺的因素,是语际交际中应重点讨论的一类意义。因此,不妨吸收纽马克对语言交际功能的定义和奈达的符号学意义观,在社会符号学语言理论的支撑下,创建适用于汉外互译的社会符号学翻译法。

4 社会符号学翻译法

综合奈达和韩礼德对符号、语言、社会及文化的深刻论述,吸收相关学科的研究成果,笔者拟从翻译的定义与相关概念、翻译的标准、翻译的过程三方面对社会符号学翻译法进行新的理论描述。

4.1 翻译的定义与相关概念

翻译是一种跨文化的符际交际活动。

对与之相关的若干概念要用社会符号学的观念去认识。

社会:社会可视为符号的世界,社会即文化,文化是庞大的符号系统(semiotic system),文化的分支便是众多的子符号系统(semiotic subsystem)。文本涉及的一切符号的意义,都与社会有密切的关系。

符号系统:符号系统是符号的有机集合。符号不可能孤立存在,符号的意义只有在所属系统内或需要借助相关系统时才能准确地解读。例如,在交通信号系统中,红灯、绿灯、黄灯这三种符号有不同的意义。红灯能表示停止,是因为绿灯表示前行,黄灯表示红灯即将出现,应减速慢行并提高警觉,若无后面两种符号的意义,红灯表示停止的意义便不能存在。闯红灯的行为也可视为一种符号,在交通规则中它是违规的表现,闯红灯者应受惩罚。但如果公安干警冒着生命危险闯红灯并勇擒匪徒,就是英雄的义举,要受到嘉奖。

同一符号在不同的符号系统中,可能有不同的意义。汉文化中有"斜眼望人心不正"之说,"斜眼望人"这一行为(符号)给人不悦之感,使人对"斜眼望人"者有不好的印象。而在英美文化中,"斜眼望人"并无"心不正"之意,也不会使人不愉快。同理,不同符号系统中表示同一意义的符号,也可能不同。在汉文化中,新娘在结婚的喜庆日子里一般要穿红戴花(表示大吉大利),而在英美文化中,新娘则习惯穿白色婚纱(表示爱情纯洁无瑕)。因此,研究翻译这一跨文化的交际活动,要着重研究符号与所属符号系统的关系,特别是符号与相关符号系统的关系。

文本中的任何符号都有意义。在下列两例中,仅仅大写字母有变化,意义就有变化,译文也得有变化:

(1) I'd like to know YOUR opinion.

我想知道你<u>自己</u>的意见。

(2) I'd like to know your OPINION (not explanation).

我想知道你的<u>意见</u>。(而不是解释)

语言:语言是一种子文化,一个子符号系统,它承载文化、反映文化并传播文化,因而语言是一种特殊的符号系统。语言可表达其他符号系统的意义,如音乐、舞蹈、绘画、雕塑等美学符号系统的意义;其他符号系统的意义也往往在语言中得到反映。翻译涉及至少两种语言符号系统反映的两种不同社会的文化,它们是纵横交错、错综复杂的两大社会符号网络,译者在这两大符号网络中进行解码(decoding)与编码(encoding)工作,实现符际转换。

代码:"代码法指从一种符号系统转化为另一种符号系统时,信息变换的一套预定规则。"(哈特曼、斯托克,1981:60)例如,莫尔斯电码(Morse Code)是支配言者选择意义和听者解释意义的符号组织原则,因而具有社会性。语域也可看作代码,因为代码表示一种社会规约,决定交际者在特定社会语境中的语义选择。译者要谙熟代码才有可能成功地完成符际转换的使命。

语境：语境是文本得以有生命力的社会环境（参见 3.2）。语境分语言语境与社会语境，语言语境和社会语境又有近远之分，如词语所在的文本可视为近语言语境（immediate linguistic context），与词语相关的文本乃至语言系统可视为远语言语境（remote linguistic context）。同理，词语所在的文本反映的除语言之外的其他文化现象可视为近社会语境（immediate social context），其相关文本反映的其他文化现象乃至整个社会文化可视为远社会语境（remote social context）。对文本的研究不应脱离由众多符号系统组成的语境。

语域：语域是语义的语体（参见 3.3）。语域是典型的与特定社会语境相联系的语义表现形式，它可用来描写语境并分析文本。

语域的三大要素是语场、语旨和语式。语场：正式发生的社会行为、时间、地点及性质。语旨：参与者、参与者的特征、参与者之间的社会关系、所用言语在社会行为中的作用。其中，参与者的特征包括参与者的性别、年龄、籍贯、职业、性格、爱好、文化程度、文化素养、社会地位、社会作用及伴随、附着于参与者的一切符号，如声音气息、面部符号、手势符号、物理符号（物体）等（钱冠连，1997）。语式：参与者在语境中所用语言的意图、表达意图的方式、文本的组织形式、功能及意义。

至于语域的分类，笔者认为用正式（formal）、较正式（less formal）和非正式（informal）分类较适合汉外互译。

语域可通过语境中所用语言的特征加以识别。语言的语域特征在语音、词汇、句子、篇章等层次上都有体现。只要细心研究，不难鉴别。

文本：文本是在一定情景中任何具备功能和意义的符号（参见 3.1）。文本可长可短，小到一个符号，大到一本厚厚的小说。文本可视为社会符号的集合，其中个别符号的意义，取决于文本内其他符号的意义或文本外相关文本乃至社会环境的意义，这种文本的互文性对翻译研究十分重要。由于文本是在社会语境中进行意义选择的过程和结果，意义的选择不会中止，结果也会因人而异。同时代的人对符号意义的看法不可能完全一致，对意义的理解和接受自然也不可能完全相同，复译自然是必要的，也是可能的。不同时代的人因社会语境的变化，观念可能发生变化，对符号意义的认识自然会有变化，重译也就十分必要了。

作者与译者：作者与译者都是翻译这一符际交际活动的参与者。作者创造了原文文本，译者的使命是将原文文本的功能与意义再现于译文文本之中。为了更透彻地理解原文文本，译者必须熟悉和研究作者。译者与作者也许生活在同一社会文化中，也许他们所处的社会文化迥然不同，无论如何，译者与作者极少是一个人，他们的性别、年龄、籍贯、职业、性格、爱好、文化程度、文化素养、社会地位、社会作用等个人特征不可能相同，换言之，附着于他们身上的符号束（钱冠连，1997）不可能相同。符号束是翻译研究中不能忽略的重要方面，因为翻译研究是人这一符号束从事的复杂的脑力劳动。译者的符号束与作者的符号束越接近，译者越能理解作者遣词造句的意图与语言风格，翻译时也越得心应手，再创造出理想的文本。

4.2 翻译的标准

奈达提出的"功能相等"为不少人所推崇，但笔者认为在汉外互译中，由于汉语有独特的语言特征，译文几乎不可能实现与原文的"等值"或"功能相等"。

翻译是翻译意义，语言有意义即具备功能，功能与意义犹如纸的正面与反面一样不可分割，因此，笔者认为翻译标准可拟定为：功能相似、意义相符。

韩礼德所界定的语言功能，是语言的元功能。为了突出语言的表情与美感功能，不妨采用彼得·纽马克的功能六分法：① 信息功能（informative function），传达信息；② 表情功能（expressive function），表达感情；③ 祈使功能（vocative function），使读（听）者作出文本所期望的反应；④ 美感功能（aesthetic function），使感官愉悦；⑤ 酬应功能（phatic function），使交际者保持接触，也可反映交际参与者之间的关系；⑥ 元语言功能（metalingual function），指有关语言解释或命名自身特点的功能（转引自陈宏薇，1996）。

功能可借助文本的类型来确定。课本、技术报告、科技论文或会议议程等主要具备信息功能；通知、产品使用手册、广告等主要具备祈使功能；文学作品，特别是诗歌、演讲词、私人信件等主要具备表情功能。表情功能往往不能与美感功能分开，因为人们常用修辞格和比喻表达自己的情感，这部分语言便具备美感，人们用语言阐述自己的审美体验时，也随之抒发了情感（Newmark，1988）。

然而，语言的各项功能又不能截然分开。可以说，"文本中的每个句子都是多功能的"（Halliday，1990：23）。对功能的分析，只是对文本的宏观分析，是对文本的总体印象。对意义的理解与表达，才是翻译的核心。

按符号学意义观，意义可分为三类：指称意义、言内意义与语用意义。意义是一种关系。指称意义表示符号与所指对象之间的关系。言内意义是词语之间、句子成分之间和篇章成分之间的关系。它在语音层面上体现为平仄、双声、半韵、尾韵、谐音双关等；在词汇层面上表现为叠词、粘连、重复、一语双叙、谐音双关等修辞格的使用；在句法层面上体现为语序、句子成分之间的关系（如并列、递进、选择、让步、假设、条件、因果、目的等）、句子的长短、句子结构的松散或紧凑，还体现为排比、对偶、层递、设问、顶针、回环和倒装等修辞格；在篇章层面上表现为词语的重复、词义的联想以及实现篇章的衔接（或粘连）与连贯，如对比与照应等。言内意义的传达过程实际上是铺设有形网络的过程，也是编织无形网络，传神达意的重要环节。语用意义指语言符号与使用者的关系，是语言符号对人产生的影响，也就是蕴含义或隐含义。言内意义表示的文字符号之间的关系都有蕴含义，因而言内意义都具备语用意义。

语言符号在语言语境中具备的隐含义称为窄式语用意义（narrow pragmatic meaning）（钱冠连，1997），它又分为常规（conventional）语用意义和特殊（specific）语用意义。常规语用意义指语言符号对使用者产生的，具有普遍性的联想意义或象征意义，如"火炬"象征光明。特殊语用意义指作者在文本中赋予文字符号的特殊含义，它出自作者行文的意图。

语用意义的涵盖面极广，与各类文化及不同社会中约定俗成的交际原则关系极为密切。研究语用意义，不仅应研究文字符号在语言语境中的隐含义，还应研究语言承载的其他符号在社会语境中的隐含义。例如：意大利人以近乎疯狂的形式迎接新年，家家户户都在除夕之夜将一些可以打碎的坛子、瓶子、花盆等物扔到窗外摔个粉碎（行为符号），因为除夕夜能"摔旧"，意味着来年能"迎新"（隐含义）。法国人和奥地利人新年聚餐时一定要吃猪肉（行为符号），因为猪在法国和奥地利被视为成功和幸福的象征（隐含义）。

将语用意义研究引入翻译研究，是翻译研究深入发展的必然，是将翻译研究与文化研究紧密联系的纽带。

意义相符，是指称、言内、语用三维关系的意义相符。当译者为达到这一标准在两大符号系统之间求同存异时，他们对文化的理解将更为深刻，对文化日益深化的理解反过来又加强了他们的领悟能力。悟性提高，直觉（intuition）便增强。这种直觉，不再是天生的悟性，而是经过从实践到理论，又在理论的指导下进行科学的实践而获得的直觉，是对翻译逐步知其然、还知其所以然的直觉。社会符号学翻译法有助于译者获得这种直觉，科学地进行翻译实践（陈宏薇，1998）。

4.3 翻译的过程

翻译的过程分为准备、理解与表达、校核三个阶段。

准备阶段可将原文文本粗看几遍，大致了解原文的功能与意义、原文产生的社会语境、原文收到的社会效果，有关作者这一符号束的各种信息（社会背景、语言背景、创作风格、创作思想、性格情趣等）以及涉及原文文本的相关文本等。准备工作越细致，越有利于翻译。

理解与表达是翻译的核心阶段。它们之间的关系非常密切。理解是表达的前提，然而译者在理解时往往在潜意识中自觉或不自觉地寻求表达手段；表达是理解的结果，译者在意义选择的过程中往往需要反复多次回到原文深化理解，它们之间存在着相辅相成的关系。

译者首先应确认原文文本的功能，然后分析语境和语域，在语场、语旨、语式的框架中分析语义，即指称、言内和语用三类意义。语式自然是理解表达的重点，其理解与表达应与语场和语旨密切联系起来。在理解与表达意义时，要注意译文的三类意义与原文的三类意义可能完全相符，也可能部分相符，还可能相悖，要设法克服文化的差异，尽可能实现意义相符。实现了意义相符，也就实现了功能相似。

校核阶段是翻译必不可少但往往容易被忽略的阶段。译者应仔细对照原文文本与译文文本，核对每一个符号，甚至将译文文本通读几遍，从宏观上把握整体效果。

翻译的过程是从宏观到微观，再回到宏观的过程。准备阶段的通读，是从宏观上把握原文的功能与意义。理解与表达阶段的仔细揣摩与反复推敲，是在宏观把握的观照下，从微观着手再现原文的功能与意义。为了透彻理解与贴切表达一个符号的意义，译者常常需要反复考虑并恰当处理微观与宏观的关系，力争实现译文与原文在意义上尽可能相符，在功能上尽可能相似（陈宏薇，1998）。

5 结语

因篇幅所限，本文不能展示分析样例来说明社会符号学翻译法的可操作性，但从本文详细的理论描述中，读者可以明显看出，该方法有令人信服的支柱理论，能将文化学、社会学、语用学、文体学、对比语言学、话语篇章分析学、美学、语域理论、关联理论等有机地结合在一起并应用于翻译研究，它还有利于我们避免认识论和方法论上的偏差，全方位、多视角地研究翻译，有效地解决翻译实践中的问题。因此，社会符号学翻译法是一种较为理想的，在跨文化交际的大视野中进行翻译研究的方法。

参考文献

- HALLIDAY M A K. Language as social semiotic [M]. London: Edward Arnold (Publishers) Ltd, 1978.
- HALLIDAY M A K, HASAN R. Language, context, and text as aspects of language in a social-semiotic perspective[M]. Oxford: Oxford University Press, 1990.

- NEWMARK P. A textbook of translation [M]. London: Prentice-Hall International, 1988.
- NIDA E A, LOUW J P, SNYMAN A H, CRONJE J V W. Style and discourse[M]. Cape Town: Bible Society of South Africa, 1983.
- NIDA E A. Signs, sense, translation [M] Cape Town: Bible Society of South Africa, 1984.
- NIDA E A. Language, culture, and translating [M]. Shanghai: Shanghai Foreign Language Education Press, 1993.
- NIDA E A. The sociolinguistics of interlingual communication [M]. Bruxelles: Editions du Hazard, 1996.
- WAARD J DE, NIDA E A. From one language to another [M]. Nashville: Thomas Nelson, Inc., 1986.
- 陈宏薇. 新实用汉译英教程 [M]. 武汉：湖北教育出版社，1996.
- 陈宏薇. 汉英翻译基础 [M]. 上海：上海外语教育出版社，1998.
- 哈特曼，斯托克. 语言与语言学词典 [Z]. 黄长著，林书武，卫志强，等译. 上海：上海辞书出版社，1981.
- 钱冠连. 汉语文化语用学 [M]. 北京：清华大学出版社，1997.

十　符号学与文学翻译研究[1]

文学翻译位于文学与翻译学两门不同学科相交的领域，涉及与两门学科相关的许多理论。近年来，用于文学和翻译学研究的几种主要理论，比如接受理论、多元系统论与话语理论，均与符号学有密切联系。若以符号学为基础理论，结合相关理论，建立纵横交错、有分有合的集成理论系统，将有助于对文学翻译进行综合性的研究。本文拟讨论建立这种系统的可行性。

1　符号学的由来与发展

符号学是研究符号系统的科学。虽然这门科学诞生于20世纪初，但人们对符号的关注却可追溯到几千年前的古希腊时代。符号学的主要学派是欧洲大陆学派与美国学派。欧洲大陆学派的代表人物是瑞士语言学家费迪南·索绪尔与法国文艺理论家、结构主义美学家与符号学家罗兰·巴特，美国学派的代表人物是哲学家查尔斯·皮尔士和哲学家查尔斯·莫里斯。

索绪尔是一门崭新的语言科学的奠基人，在其最富影响力的《普通语言学教程》中，他明确提出了自己的符号学语言观，认为语言符号是语言学的基础和出发点，语言是一种特定的符号系统。同时，他强调符号的社会性，认为语

---

[1] 原载《外国文学研究》2003年第1期，11—15页，170页。此次载入有少许修改。

言在任何时候都不能离开社会事实而存在，因为它是一种符号现象，它的社会性就是它的一个内在特征（转引自乐眉云，1997）。

然而，索绪尔又提出，语言符号的意义取决于能指与所指之间的关系。这种意义两分法是不完整的。美国符号学派创始人皮尔士则认为，符号或表现体是某种对某人来说在某一方面或以某种能力代表某一事物的东西（转引自陈宏薇，1998）。换言之，每一个符指过程（semiosis）都体现了符号、符号所指的客体与解释体（interpretant）之间的关系。解释体这一概念的引入将意义的形成引入三维空间，是一大进步。莫里斯系统地发展了皮尔士的符号理论，他认为符指过程含有三种成分——符号载体、所指、解释体，他甚至提到了第四种可能的因素：解释者（interpreter）。莫里斯对符指成分的这一重要补充是革命性的突破，揭示了符指过程的本质，完善了我们对符指过程的认识，解决了符号学与人的关系。是人，生活在符号世界的人，认识并确定了符号之间的关系，赋予符号以意义。

莫里斯还认为，符指过程各成分之间的关系就是符号学包含的意义，即形式意义（符号与其他符号的关系）、存在意义（符号与所指对象之间的关系）与实用意义（符号与解释者的关系）（转引自陈宏薇，1998）。他将这种观念运用于语言研究，认为语言意义也有相应的三个方面，即言内意义（体现符号之间的关系）、指称意义（体现符号与所指对象之间的关系）、语用意义（体现符号与解释者之间的关系），研究这三方面意义的科学分别为句法学、语义学和语用学，它们是符号学的三个分支（转引自陈宏薇，1998）。莫里斯的研究对语言研究与翻译研究均有重大意义。

符号学是一门具有开放性的元科学。它是在结构主义理论基础上发展起来的，"过于强调结构和代码，忽视了符号系统的功能与社会用途，忽视了在社会实践中符号系统复杂的相互作用。……它强调系统与成果，而不强调符号活动的参与者是如何在具体的社会情景中以多种方式彼此联系、相互作用的"（Hodge and Kress，1988：1）。这些不足促使研究者发展了强调符号社会功能的社会符号学。韩礼德的社会符号学研究和奈达的社会符号学翻译法都是这方面的突出代表。笔者吸收他们研究成果中合理、实用的因素，创建了适合汉外互译的社会符号学翻译法（陈宏薇，2002）。在笔者看来，社会符号学的基本原理与符号学的基本原理是一致的。对社会符号学的研究，正说明了符号学对翻译研究的适切性。只要我们摒弃符号学中的唯心论成分，突出其社会性，利用其开放性、相关性及多元性，符号学完全可以成为文学翻译研究的基础理论。

随着翻译研究向文化研究转向，符号学的重要性日益彰显。西方翻译研究的文化学派代表人物苏珊·巴斯内特在 *Constructing Cultures: Essays on Literary Translation* 中，分别论述了翻译学派与文化学派在研究对象、视角、方法等方面的差异及其在全球化影响下的转变。在总结两种学派的研究方法时，她明确指出，这两种学派"都用符号学来探讨如何解决解码与编码过程中的种种难题"（Bassnett and Lefevere，2000：133）。篇章语言学家巴兹尔·哈蒂姆在其探讨跨文化交际的专著中，也运用符号学理论论述了翻译中各种因素的关系，认为文本（text）、篇章（discourse）、风格（genre）是宏观符号（macro-sign），词语是微观符号（micro-sign），只有微观符号的相关关系才能使文本实现其社会意义（Hatim，2001）。

享有文艺学家、语言学家、美学家、历史文化学家与符号学家美誉的苏联学者巴赫金的符号学观点，更证实了符号学适用于翻译研究。巴赫金（转引自胡壮麟，2001）认为，一切意识形态的东西都有意义，它代表、表现、替代着在它以外存在着的某个东西，也就是说，它是一个符号，精神早已是符号化了的概念。当物体作为某个东西的形象被接受，比方说，作为这一单个事物的一种自然的稳定性和必然性的体现，这一物体此时的艺术象征形象就已是一个意识形态的产品。在这个情况下，物体被转换成符号了。也就是说，他认为世界是文本、符号学或符号系统。符号具有物质性、历史性、社会性、意识形态性、交际性和对话性。

2 符号学的翻译观念

综合上述理论，我们认为，用符号学进行翻译研究，包括文学翻译研究，应该具备以下观念。

第一，世间万物皆可视为符号，社会可视为符号的世界。社会即文化，文化是一个庞大的符号系统，文化的分支便是子符号系统。语言是文化的一部分，语言是一个子文化系统，但不是唯一的表意系统。文本中涉及的一切符号的意义都与社会有密切的关系。

第二，翻译研究的理论可视为一个理论符号系统，每种理论可视为一个理论子符号系统。它们都产生于社会这一符号网络中，都试图解释符号的世界，彼此必然有某种联系。从这点出发，符号学作为一个理论子符号系统，与其他众多子符号系统均有纵聚合或横组合的联系，如符号学与文学、文艺学、心理学、社会学、语言学、文体学、语用学、语篇分析学、语言学、文化学、美学、人类文化学等。

第三，翻译是一种跨文化的符际交际活动。原文文字符号系统承载的信息，无论是物质的还是精神的，都具备社会文化意义。因此原文符号系统向译文符号系统转换，不仅是文字符号的转换，而且是文化的转换。

第四，翻译的核心是翻译意义。意义是一种关系。符号学的意义三分法较全面地反映了这种关系。指称意义、言内意义和语用意义在语言的各个层级，即语音、词汇、句法、修辞、篇章结构之中都有体现。意义问题是翻译研究，也是文学研究和人文科学研究的焦点之一。符号学意义观能解释文学作品作为符号结构在自指空间中建构的符号关系，也能解释文学作品作为一个符号与外界实体的关联及由此产生的意义。符号学意义观突出对语用意义的研究，突出语境（包括语言语境与非语言语境）对意义生成与理解的作用，突出人在意义建构中的作用，这与海德格尔和伽达默尔的解释学观点是一致的。用符号学观点看待文本内外的世界，可以认识到文学文本意义的多维性和文学理解的多种可能性。在宽广的视野中研究意义，一定能使意义在译文文本中的再现更趋客观和准确。

第五，翻译至少涉及源语与译语所反映的两大社会符号系统。社会大厦是层级结构(hierarchy)。在社会大厦中生活的人因其社会地位、职业、经历、性格、好恶、文化程度、所处社会环境的差异而成为不同的个体，成为不同的符号束。在研究这些不同的符号束使用言语的意义时，要考虑语场、语旨和语式，它们组成语域，即与特定社会语境相联系的典型语义表现形式。实现译语文本语域与源语文本语域的叠合是文学翻译的极高境界，难以实现，但这一过程是使文学翻译传神达意的必由之路。

第六，文本是一定情景中任何具备意义与功能的符号。由于文本是符号的集合，其中一个符号的意义，取决于文本内其他符号的意义或文本外相关文本乃至社会环境的意义。应该对文本进行互文性研究。文本是在社会语境中意义选择的过程和结果，因而它是开放的，意义是不确定的。对文本的阐释永远不会中止，也不可能完全一致。

第七，翻译过程是符指过程 S（=semiosis），可大致分为两次符指过程，即符指过程 SA（=semiosis A）和符指过程 SB（=semiosis B）。在 SA 过程中，源语文本是表现体（或符号载体），它所反映的世界是客体，译者作为解释者，根据自己所认识的表现体与客体的关系，生成译语文本——解释体。解释体一经完成，SB 开始。SA 生成的解释体（译语文本）自然成为 SB 的表现体，它所反映的世界是 SB 的客体，此过程的解释者是译语文本读者，他们对译语文本的解读与反应，生成 SB 的解释体。至此，符指过程 S 初步完成。由于人对符号的认识是无限的，翻译过程也是无限的。翻译过程作为符指过程，涉及许多社会因素，如翻译的目的、翻译的环境、解释者自身符号束的特征、符指过程 SB 的解释体与符指过程 SA 的解释体之间异同的大小以及解释者对它们认识的程度等。研究翻译过程，应该研究与其相关的种种社会因素。

第八，翻译是由人这一符号束从事的复杂的脑力劳动与心理活动。研究翻译一定要研究作者与译者。译者的符号束与作者的符号束越接近，译者越能理解作者笔下的符号世界，也越容易用译语再现其符号世界。

3　文学与翻译学理论中的符号学思想

近年来，接受理论、多元系统论和巴赫金的话语理论常被用于文学和翻译学研究。接受理论（又称接受美学）是 20 世纪 60 年代末到 70 年代初在联邦德国兴起的一种文艺批评理论。它是以现象学美学和阐释学为理论基础的，这一理论的核心是走向读者（吕俊，2001）。走向读者是文学研究方法的重大进步，是人们对文学活动本质的认识深化的体现。读者是一个社会符号束，他（她）的社会经历、生活体验、性格、好恶、思想观念、阅读目的、阅读方式、阅读过程不同，他（她）对文学作品价值的理解也不同。

在文学翻译中，译者具备双重身份，起双重作用。译者既是原创文学的接受者，又是翻译文学的创造者。翻译过程其实是译者往返于作者与译文读者之间的过程。走向作者是为了透彻理解原文文本中的符号世界，走向译文读者是为了选择最佳策略，在译文文本中再现这一符号世界。

从符号学的意义三维关系来看接受美学的理论核心，走向读者是不可或缺的。译文文本是表现体（符号载体），文本的意义与功能是符号所指的客体，因此，若没有解释者（译文读者）按解释体（译语文化的社会规约）来理解表现体与客体之间的关系，这一交际过程便无法完成，若解释者误解或曲解了这一关系，这一交际过程便会失败。

多元系统论的创始人是以色列的埃文-佐哈尔。他在研究文学翻译理论时，感到传统的文学翻译批评只注重译文与原文的比较研究，不注重，也不能解释文学翻译涉及的多种复杂社会文化现象，在深入钻研俄国形式主义与捷克结构主义的基础上，他创建了多元系统论。

埃文-佐哈尔（2002）指出，索绪尔学派的理论属静态系统理论，有局限性。一方面，一个系统由共时和历时两部分组成，另一方面，共时和历时又显然自成系统。如果结构性和系统性的概念再也不必等同于同构型，我们就可以把符号系统视为一个异质的、开放的结构。因此，它通常并非单一的系统，而是多元系统，也就是由若干个不同的系统组成的系统。这些系统互相交叉，部分重叠，在同一时间内各有不同的项目可供选择，却又互相依存，并作为一个有组织的整体而运作。

埃文-佐哈尔不仅生动地描述了符号系统网络存在的形式，强调了符号系统的多元性与开放性，而且指出了符号系统的异质性，这无疑丰富了符号学的内涵。

埃文-佐哈尔还认为，任何符号（多元）系统（例如语言、文学），都只不过是一个较大的（多元）系统（文化）的组成部分，它们从属于后者，并与后者同构（埃文-佐哈尔，2002）。文学与文化同构，又隶属于文化，那么它就是自治的，也是他治的。

翻译文学这一符号系统可视为与原创文学并列的文学多元系统中的子系统。作为子系统，翻译文学所指的社会文化历史现象反映了社会的价值观念和权力关系；作为子系统，它在文学多元系统中的地位也随文化强弱的变化而变化。这也是图瑞在多元系统论基础上发展起来的描写性翻译研究方法论的主要观点。描写性翻译研究方法着眼于特定文学多元系统中翻译文学不断变化的地位、功能及历史文化因素对译者选择的影响。它将翻译作品视为既成事实，研究影响翻译过程的社会因素以及译作在译语文学多元系统中的功能和地位，对此进行详细的描述，而不做规定性的评价。

这种方法适用于对多年以前产生的翻译文学或是不同历史条件下产生的同一文学作品的不同译本进行研究，能有效地避免评论者自身所处的历史时期审美期待的干扰，客观地揭示翻译文学的本质和价值。它有效地弥补了按模式进行规定性翻译批评的缺陷，使翻译批评这一子符号系统趋于完善。

由此我们认为，多元系统论可视为符号学的发展与延伸。

巴赫金的话语理论也是一笔重要的学术遗产，丰富了符号学的意义三维关系。他认为，话语既是口头与书面语言的统称，又是语言交际的单位。话语是话主个人思想的表现，构成话语思想内涵的要素有三点：①作为话题的事物，即头脑中反映的客观世界；②话主的意向和立场，即说话人的意图与对所指事物的评价态度；③对他人话语的态度。在这里，巴赫金突出了话主的个人意识，还引出了人们在交际中的对话关系。首先，在基本的直接意义上，对话关系是指具体话语之间的语意关系，是不同话主在话语中进行的具体思想、情感、见解、信息的相互交流和相互作用。其次，对话关系又是说者同他人思维之间的相互依存和影响。最后，巴氏认为个人话语之间的对话体现着人的社会存在，体现着人的精神生活。对话关系实际上成了个人同社会思想和文化环境的关系。也是在这个意义上，对话关系成了人的社会存在的本质特征（转引自白春仁，2000）。巴赫金的话语理论，不仅对文学翻译研究有价值，对其他人文科学的研究也有价值。

  文学翻译涉及的领域极广，需要用综合性方法进行研究。从本文对符号学理论生成与发展轨迹的阐述可以看出，符号学具有深厚的哲学基础，与相关理论的关系密切，而且具备串接多种理论的功能。以符号学为基础建立集成理论系统，将有助于我们将文学翻译研究与中国文化乃至世界文化的多元符号系统联系起来，将文学翻译研究推向新的高度。

参考文献

- BASSNETT S, LEFEVERE A. Constructing cultures: essays on literary translation[M]. Shanghai：Shanghai Foreign Language Education Press, 2000.
- HODGE R, KRESS G. Social semiotics [M]. New York: Cornell University Press, 1988.
- HATIM B. Communication across cultures: translation theory and contrastive text linguistics [M]. Shanghai: Shanghai Foreign Language Education Press, 2001.
- 埃文-佐哈尔. 多元系统论 [J]. 张南峰，译. 中国翻译 2002（4）：19-25.
- 白春仁. 边缘上的话语——巴赫金话语理论辨析 [J]. 外语教学与研究，2000（3）：162-168.
- 陈宏薇. 汉英翻译基础 [M]. 上海：上海外语教育出版社，1998.
- 陈宏薇. 跨文化交际视野中的翻译研究方法——社会符号学翻译法 [C]// 张柏然，许钧. 面向 21 世纪的译学研究. 北京：商务印书馆，2002：541-559.
- 胡壮麟. 走近巴赫金的符号王国 [J]. 外语研究，2001（2）：10-15.
- 乐眉云. 再论索绪尔的符号学语言观——语言符号的性质 [J]. 外国语，1997（4）：5-10.
- 吕俊. 跨越文化障碍——巴比塔的重建 [M]. 南京：东南大学出版社，2001.

十一　苏珊·彼得里利的解释符号学翻译思想研究[1]

苏珊·彼得里利（Susan Petrilli）是著名的意大利符号学家，巴里大学（Bari University）语言实践与文本分析系副教授。她思想活跃，研究领域宽泛，主要研究符号理论、主题理论（subject theory）、意义与语言理论、交际理论、意识形态问题和翻译理论。她从1981年开始发表论文和评论，从此笔耕不辍，著述丰富，已出版独著、合著24部，发表论文283篇，译文65篇。她在国际符号学学会担任司库，是国际符号学界一位非常活跃、极有建树的学者。[2] 新世纪以来，她的研究焦点之一是解释符号学与翻译研究的联姻，其著述多为运用解释符号学从宏观的角度解释翻译。2006年2月16日至18日，她主持在巴里大学举办的国际符号学会议，主题便是"交际、解释、翻译"。与会者一致认为：交际是生命、文化和社会再生产的基本过程；解释不仅是确认某事或某物，而且是对理解的回应，不能与倾听分开，对他者是开放的；翻译是符号的基本实践，符号的意义只存在于翻译和解释它的另一符号中。这说明当今国际符号学界已注意到，要将符号学研究成果应用于翻译研究。

作为巴里符号学派的核心人物，彼得里利像其他成员一样，被誉为不屈不

---

[1] 原载《上海翻译》2007年第4期，1—8页。

[2] 彼得里利的个人信息由笔者译自 www.susanpetrilli.com（2007-6-20）。

挠的符号学家，她对皮尔士、巴赫金、西比奥克[1]的研究颇为深刻。她的符号学思想深受皮尔士，尤其是西比奥克的影响，属于解释符号学。她将解释符号学用于翻译研究的主要观点如下：

1 翻译即解释

符号学家艾柯和内尔高曾表示，全面的普遍符号理论尚未诞生，但有两种观点不同甚至有时针锋相对的符号学途径，有潜力作为构建翻译理论的参考。这两种途径分别是索绪尔的结构主义符号学（structural semiotics）和皮尔士的解释符号学（interpretive semiotics）。他们认为，结构主义符号学有破坏语用学之嫌，但它对文本深层结构及其生成方式的分析是有效的。可以借此将源语文本和译语文本在各种层次上——从最基本的词语选择到叙述结构，甚至不同声音（作者、叙述者、人物、隐含读者等）——进行比较。他们还认为，这两种符号学之间也存在相交之处，交点就在雅各布森提出的翻译分类中。按雅各布森的看法，翻译可分为三类：语内翻译、语际翻译和符际翻译。虽然雅各布森根据皮尔士的解释观点来定义翻译，但他事实上是将一个语言符号的解释分为三类（转引自 Baker，2004）。

彼得里利直言反对索绪尔的结构主义符号学，认为索绪尔符号学虽然不完全将注意力集中在语言上，但其主要研究对象仍然只是语言。皮尔士符号学与

---

1 托马斯·A. 西比奥克（1920—2001）是美国语言学家和符号学家。1945年，他在普林斯顿大学获东方语言与文明博士学位，师从 Roman Jakobson。1944年，西比奥克开始在印第安纳大学执教，1991年退休，曾获赫尔辛基大学等六所大学的名誉博士称号，曾任美国语言学会主席、美国符号学会主席、国际符号学学会会刊 Semiotica 主编等职。他一生出版了450多部著作和论文，发表了107篇评论，其中，编辑了14卷 Current Trends in Linguistics 和100多卷 Approaches to Semiotics。作为教师和学者，他实施两种基本策略：其一，教书并发表研究成果；其二，帮助他的同事成功。（笔者编译自 Kaye，2003。作者 Alan S.Kaye 是语言学教授，加州州立大学语音研究实验室主任，1997年11月和12月，他通过 Email 两次采访西比奥克。）

索绪尔符号学名称不同，本质也有差别。皮尔士符号学建立在普遍符号理论的基础上，而索绪尔符号学只建立在语言符号的基础上，只通过语言来改变和翻译符号以处理符号问题，这是错误的。索绪尔符号学与皮尔士符号学的根本差别还在于，索绪尔符号学误将部分符号，即人类符号，特别是语言符号，取代全体符号，即一切可能存在的、人类和非人类的符号。因此，索绪尔符号学（semiology）是不能被称作普遍符号学的。而皮尔士的符号学传统，经西比奥克的发展，展现了研究和应用的广阔前景。普遍符号学（general science of signs）应该采用皮尔士符号学的术语，以远离索绪尔符号学的错误（Petrilli，2003c）。

彼得里利认为翻译不是解码（decodify），不是破译（decipher），而是解释（interpret）。解码和破译只是翻译过程的一部分，而不是全部。她赞同皮尔士的解释符号学，完全接受皮尔士的符号三角关系的观点，认为没有解释体，就没有符号，符号的意义只能由起解释体作用的另一个符号来表达，于是，翻译就是符号的组成部分，<u>符号行为也就是翻译过程</u>（下画线为笔者所加，后同），意义是在翻译过程中形成的，鉴于符号行为没有<u>止境</u>，意义也只能被视为一种解释的途径（interpretive route）（Petrilli，2003a）。

从彼得里利对 sign 一词的解释也可以看出她的解释符号学观点。

在多数词典中，sign 的第一定义非常简单，即记号、符号。皮尔士（转引自 Gorlée，1994：51）对符号的定义颇为复杂："符号，<u>或表现体</u>，是某种在某一方面或以某种能力代表某一事物的东西。它是对某人而言的，也就是说，表现体在某人的心灵里创造了一个对等的符号，或者可能是个更发达的符号。我称这个创造的符号为第一个符号的<u>解释体</u>，它代表的某物为客体。但它并不完全代表客体，只是代表与客体有关的一种思想，我有时称这种现象为表现体的<u>基础</u>。"

在彼得里利为 *The Routledge Companion to Semiotics and Linguistics* 撰写的词条 sign 中，她首先说明，符号是一个因素，存在于索绪尔及其追随者所构想的能指/所指二元过程和皮尔士及其追随者所构想的表现体/客体/解释体三元过程之中。然后，她分析符号的条件：符号的基本条件是它由被解释符号（含一个暗指客体）和解释体构成，其间的关系是解释体可以解释被解释符号。被解释符号成为符号的成分是因为它接受解释，但解释体接着也成为符号成分是因为它有潜力生成新符号。于是，只要有一个符号存在，立刻就会有两个符号、三个符号，直至无穷，如同查尔斯·皮尔士所描述的"无限的符号活动"，产生从一个解释体到另一个解释体的延异链（转引自 Cobley，2001）。最后，她阐述符号为何首先是一个解释体。

该词条大约有670个词，彼得里利淡淡提到符号用于索绪尔及其追随者所构想的能指／所指二元过程，其余内容都是解释符号学的观点。这和她崇敬的学者西比奥克几乎用同样的篇幅解释索绪尔和皮尔士的符号观形成鲜明的对比。她的激进态度可见一斑。

符号学学者解释皮尔士的符号观，一般都引用皮尔士的定义，符号三个组成要素的名称保持不变，强调符号是一种三角关系，该关系连接表现体（符号载体）、客体和解释体。表现体与客体之间存在暗指关系。表现体决定解释体，将解释体代入与客体的关系，使之与客体之间也建立这种暗指关系，虽然这种关系是调整过的。

彼得里利的定义，突出的是解释，但并未改变皮尔士的本义。她从解释符号顺势滑到解释符号行为或活动，这也符合皮尔士的符号学思想：符号学研究的基本问题，与其说是符号，不如说是符号行为。

又如，生物学家 Thure von Vexkùll（转引自 Petrilli，2014）根据信息发出者（emitter）和接受者（receiver）将符号行为／活动（semiosis）（或解释过程）分为：①信息或表意符号活动（semiosis of information or signification），②表征符号活动（semiosis of symptomatization），③交际符号活动（semiosis of communication）三个层次。在第一个层次上，无生命的环境作为"类信息发出者"（quasi-emitter）发出信息，它不具备符号功能。但信息接受者是个有生命的实体或有生命的系统，通过受体翻译信息，行使一切符号功能。在第二个层次上，信息发出者是个有生命的存在，它发出信号（signal），但不直接针对接受者，也不期待回应。接受者收到的信号称为"表征"符号。在第三个层次上，发出的符号是特别针对接受者的，必须按发出者的本意翻译出来。

彼得里利（Petrilli，2014）从解释符号学的角度，重新定义了这三个符号活动层次：①被解释者可以成为符号仅仅是因为它（他/她）接受解释体的解释。该解释体是对表意符号活动的回应；②或是，在解释体解释之前，被解释者已经是解释体的回应（表征），尽管它原先无意解释成符号；③或是，在解释体解释之前，被解释者已经是解释体的回应，不同的是，它有解释成符号的意愿，因而需要另一个解释体的回应。

她的定义强调了解释体在符号活动中的作用，说明了作为解释过程的符号活动与翻译之间的关系。

2　翻译是符号行为

彼得里利深受西比奥克地球符号学[1]（global semiotics）的影响。她认同西比奥克的观点，即符号行为/活动是生命的标准象征，与生命的最初萌动共生。符号学不仅要在社会文化生活范围内研究符号，而且应该在全球范围即生物圈内研究符号。

2.1　翻译的概念

彼得里利认为，翻译是符号行为的重要环节，是一个过程，在此过程中，

---

[1] 地球符号学是西比奥克创立的学说，由常规符号学（normal semiotics）和生物符号学（biosemiotics）两个部分重叠的领域组成。西比奥克的常规符号学主要研究心灵、模式、调节（minds, models, and mediation）。他使用 global 是因为，他认为该词有至少六个明确的蕴涵意义：地理政治意义，指符号学的迅速传播；时间意义，他在该学说中回顾了历史和符号学的发源与发展，缅怀已故的符号学家；学术传统意义，他尊重符号学的各派观点，在此基础上创建了地球符号学；性别意义，他的学说中既有男性符号学家的成果，也有女性符号学家的成果；工具意义，他的学说内容极其丰富，介绍了符号学经历的出人预料、前所未有的发展，认为符号学是具备很大市场价值、值得大力发展的工业；概念意义，概念在符号活动中获得，又在永不停止的符号活动中不断获得新的意义。用地球符号学的观点定义人，人是一个生物实体而不是一个文化实体，身体本身就是一个不可分割的无数符号活动的网络。（Sebeok, 2001 : XVI-XXII）

一个符号实体被当作对等物替换另一个符号实体。翻译的前提是：①一系列翻译活动的存在，即一个符号实体被另一个符号实体替换的一系列行为的存在；②可译性，即符号实体之间存在的相互替换性和相互改变性。它们是符号行为和符号独有的权利。因此，翻译表现了符号现实，是符号学研究的对象（转引自 Cobley，2001）。

彼得里利的措辞"一个符号实体被当作对等物"很严谨。在翻译活动中，"对等"是几乎不可能达到的最高期望值，因为解释体是由解释者决定的。解释者（译者）确定解释体（译语文本）的过程，是在两个不同的生物符号圈内进行符号活动的过程，他/她有宽广的选择范围，但同时受到许多条件的限制，尤其受到自己作为一个生物符号和文化符号的限制。因此，在一般情况下，解释体是被解释者当作对等物去替换另一个符号（源语文本）的。至于解释体是否确为被解释体的对等物，则需要一个符号开始新一轮的解释或符号活动来讨论。从解释符号学观点界定翻译，同时肯定了可译性。因为，只要符号存在，解释体就存在，解释体是符号不可缺少的构成因素。

2.2 翻译与象似性

皮尔士认为最基本的符号有三类：象似符号（icons），指与其客体之间存在相似关系（similarity）的符号；相关符号（indexes），指与其客体之间存在邻近、因果关系或某种其他物理联系的符号；象征符号（symbols），指与其客体之间存在约定俗成关系的符号，语言是最典型的象征符号。象似符号最具备自己的特征，独立于其相似物。

彼得里利（转引自 Cobley，2001）认为，象似性的相似（iconic similarity）是一种特别的相似：它是在常规的基础上抽象出来的相似，因为它偏向给定的相似特征，而不是其他。两张面值相等的银行钞票似乎是象似符号，其实不然，因为它们的票面序号不同。若连序号也一样，其中必定有一张是假钞，不能在市场上流通。

若用皮尔士的符号三角关系来理解译语文本与源语文本关系，源语文本是表现体（被解释者），译语文本是解释体。表现体与解释体的关系，即它们与暗指客体的关系是相似、相关，还是象征，说明解释体所生成的新符号的性质。

彼得里利（Petrilli, 2003a）认为，符号定义中被解释者与解释体的关系，最能说明译语文本应为源语文本的象似符号。她还认为，被解释者与解释体的关系，只有在相似关系中，才既相似又相互独立。在相关关系中，必须以时空连续体和（或）原因／效果为基础，在象征关系中，必须存在约定俗成的常规或习惯。译语文本不能脱离源语文本而存在，它的整体结构也受到适切反映源语文本特征的各种形式的影响。在某种意义上，它是源语文本的寄生文本，这种依赖性会使人联想到相关关系。然而，如果这种相关关系不成比例地增长，翻译便失去适切反映源语文本意义的能力，失去自身的价值。作为一个适当的解释体（adequate interpretant），如同所有的解释体一样，译语文本不仅应该重复被解释者的意义，还应该建立一种关系，一种符合源语文本又有距离感的对话关系。译语文本的相关特征越少，证明译者的翻译（解释）能力越强。译语文本与源语文本之间的关系，也不可能是纯粹的象征关系。

正如符号的三个要素不可分割，相似、相关和象征也会一同出现。我们如何获取并制造这三类符号呢？分别靠感觉和感受，靠感知、推理和对行为的反应，靠指导、实践和学习（Merrell, 2001）。翻译时，我们要认识表现体，它本身是一个包括三类符号的复杂符号集合，将我们的注意力引向暗指客体，于是，凭借感受、感知、推理和约定俗成的习惯，我们将三类符号的意义及其可能改变的意义在两种生物符号圈内反复掂量，直到获得另一个包括三类符号的复杂符号集合——解释体。解释体应该是一个象似符号。但这只能是可望而不可即的理想。因为，按照皮尔士的观点，符号的意指在逻辑和实践中都是有差别的。这也是无数翻译实践证明了的真理。

虽则如此，人们从未放弃对理想的追求。相似关系是在解释符号的过程中处于支配地位的关系。象似性应该是翻译的基本原则之一。

2.3 翻译的分类

雅各布森将翻译分为三类：语内翻译、语际翻译和符际翻译。这种分类的依据虽然是皮尔士的解释符号学观点，但实际上，正如艾柯和内尔高指出的，是将一个语言符号的解释分为三类。图瑞曾建议将翻译分为两大类：符内翻译和符际翻译，再将符内翻译分为两小类：语内翻译和语际翻译（参见 Baker，2004）。

德里达表示，雅各布森在分析翻译时，将它看作历史－自然语言之间的翻译过程，因为雅各布森认为那样的翻译才是严格意义上的翻译。在解释语内和符际翻译时，他使用术语改变措辞（rewording）和符号转换（transmutation），但在解释语际翻译时未使用这两个术语。这说明遇到严格意义上的翻译时，准确翻译"翻译"一词有困难，也说明雅各布森的三分法可能有问题（Petrilli，2003a）。

彼得里利（Petrilli，2003a）不仅批评雅各布森的分类不科学，而且将翻译重新分类如图1：

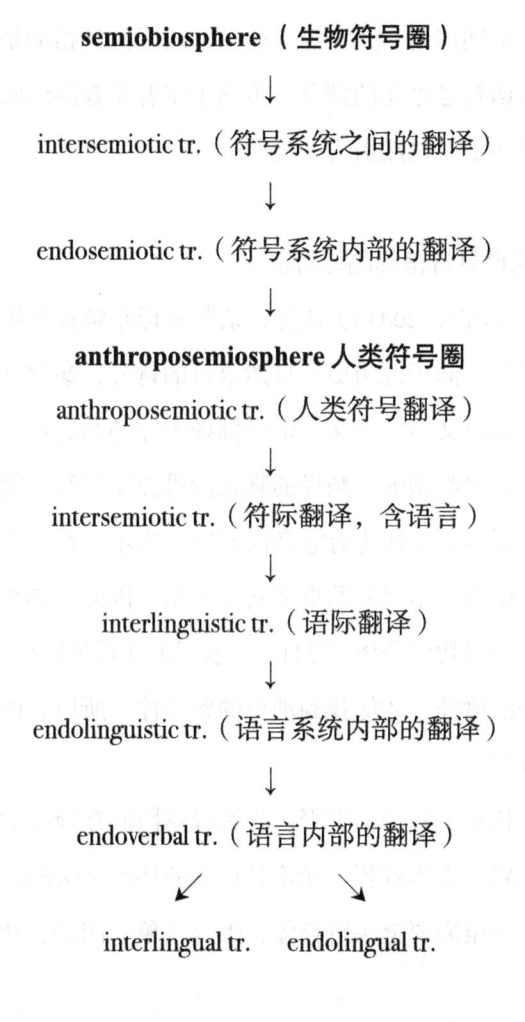

semiobiosphere（生物符号圈）
↓
intersemiotic tr.（符号系统之间的翻译）
↓
endosemiotic tr.（符号系统内部的翻译）
↓
anthroposemiosphere 人类符号圈
anthroposemiotic tr.（人类符号翻译）
↓
intersemiotic tr.（符际翻译，含语言）
↓
interlinguistic tr.（语际翻译）
↓
endolinguistic tr.（语言系统内部的翻译）
↓
endoverbal tr.（语言内部的翻译）
↙   ↘
interlingual tr.   endolingual tr.

（历史–自然语言之间）（历史–自然语言内部）

diamesic tr.　diaphasic tr.　diglossic tr.
（笔头与口头之间）（语域之间）（标准语与方言之间）

图 1　基于解释符号学的翻译分类图

这一细致的分类几乎包含了一切形式的翻译。她认为有必要区分符号系统之间的翻译和符号系统内部的翻译，因为它们不仅存在于人类文化世界，而且存在于任何有生命的地方。我们要特别注意的是，她用 linguistic 指涉广义的语言，即包括历史–自然语言，又包括用符号、手势等代替的语言，如眼睛的语言、聋哑人的手势语、旗语和花语等，还包括专门语言，如公文用语、外交辞令、科技术语、新闻用语、儿语等。所以，语际翻译指的是非言语符号和言语符号之间或非言语符号之间的翻译，不同于雅各布森的语际翻译。语言内部的翻译指的是人类历史–自然语言的翻译。

2.4　语际翻译具备符际翻译特征

彼得里利（Petrilli，2003b）认为，语际翻译是解释源历史–自然语言生成的文本。它需要用不同于源历史–自然语言的符号，参照其他类别符号的隐含意义，才能传达源语文本的意义。语际翻译关注的是起点和终点，其间的解释工作却全是关于符号类型的。翻译的真正困难在于了解可能生成译语文本的种种交际类型，使译语文本成为有意义的回应。文本不是一个自足的小系统，文本中的交际关系牵涉文本以外的更多交际关系，因此，必须在一个巨大的言语和非言语的网络中寻找解释体，况且，谁也不可能预见应该开发哪一部分网络，选择哪一条解释的途径，才能找到理想的解释体。所以，语际翻译只能在符际翻译的基础上进行。

她的理解，拓宽了我们的视野。将解释体限制在译语的言语范围内，的确会限制我们的思路。文本解释，无论是口头的还是笔头的，都不一定需要言语解释体，甚至不一定需要笔头解释体，因为形象、图表、动作等符号都可以用作解释体,或是起辅助解释作用。理解自己语言的,或另一种历史-自然语言的言语符号的意义,意味着激活解释过程,该过程包括解释体。在语际翻译的情况下,解释体要从译语中挑选,就是言语符号。言语符号只代表解释途径的目标,它不一定能从源历史-自然语言出发,直接在目标历史-自然语言中找到。如下例:

> Meanwhile the first fawn tiptoed toward the shallow brook, in little stops and goes, and started across. He paused midstream to make a slight contribution, as a child does in bathing.
>
> 这时,大双踮着足,迈着碎步,走走停停,轻轻地向浅浅的小溪走来,开始涉水,走到小溪中间,他停了一会,撒了一点尿,就像孩子洗澡时难免撒点尿一样。(怀特著,陈宏薇译,2000:71-72)

例句中的 to make a slight contribution 在语言符号系统中绝无"撒了一点尿"的意思,在这里,它指刚出生的小鹿大双在涉水时为小溪添了一点水。从生理角度考虑,译为"撒了一点尿"是正确的。从源语文本表现出的作者热爱城市文明,又热爱野生世界的感情以及他诙谐风趣的文风考虑,这个解释体也是合适的。

2.5 译者语篇是从源语译为他语的转述语篇

在讨论历史-自然语言之间的翻译问题时,彼得里利提出,转述语篇(reported discourse)的模式通常包括三种:直接语篇(direct discourse)、间接语篇(indirect discourse)和自由间接语篇(free indirect discourse),她建议加上第四种:从源语译为他语的转述语篇(reported discourse in the form of translation from source language to another language)。

她认为,译者语篇(translator discourse)首先是间接语篇。源语语篇即作者语篇（author's discourse）是直接语篇。译语语篇即译者语篇是尽可能转达作者语篇意义的另一种语篇，虽然译者语篇中所有的言语都是用译语直接写的（这一点与直接语篇相似），但它抹掉了作者语篇即直接语篇的特征，译者只是一个代言人，得认同源语语篇中作者的权威，得让作者的声音成为唯一可以听见的声音。

翻译需要解释。译者是一个文本作者的许多面具中的一个。这个面具是忠实代言人的面具，它既不批判性地解释，不分析或讨论，也不带立场，只是忠实地汇报。换言之，作为转述文本，翻译是间接语篇，用直接语篇的面具展现自己。

在间接语篇中，一个人的话与他者的话有明显的区别，他们之间的对话关系通过种种表达手段而相得益彰。译者语篇缺乏这些表达手段，也不允许用这些表达手段，因此，它完全脱离用间接语篇叙述他者语篇的实践。

可见，译者语篇以直接语篇的形式出现，本质上属于间接语篇，却又不同于间接语篇，它应有自己名分（Petrilli，2003a）。

笔者认为，彼得里利的建议，不仅涉及为译语文本在文本类型中争一席之地的问题，还涉及文本类型如何影响文本意义传达的问题。但她的思路似乎局限在传统的翻译理念中，虽然她也明白，她所描述的译者语篇在翻译实践中几乎不存在。事实上，译者语篇作为跨生物符号圈交际的手段，为了实现交际的目的，存在不同程度、不同范围的调整（mediation）。译者作为解释者，作为一个符号，有自己的特征，这些特征会无意或有意地显露出来，使译者语篇的形式有别于源语语篇。译者语篇的文本类型问题似乎没有彼得里利论述的那么重要。

3 符号伦理学与翻译

彼得里利非常重视符号伦理学（semioethics）。该理论是从地球符号学衍生出来的理论，要点如下（Petrilli，2004）：

第一，地球符号学的研究客体是生命的符号学。它有两个领域：生物符号学和生物伦理学。生物符号学是研究生物代码的科学，认为生物圈大致等同于生物符号圈（转引自 Cobley，2001）。生物伦理学关注生物界和医学界在遗传工程学、神经生物学和药学领域新发现的伦理问题。一切有机体都是生命系统的一部分，生命系统的每一部分都有共时联系。我们一般将符号圈理解为人类构建的符号网络，圈内有文化、符号、象征、人工制品等。但地球符号学将这个圈扩大为生物符号圈，它形成人类的栖息地和人类生存的自然环境。我们不仅是具备符号活动能力的一般动物，而且是能仔细思考且有责任心的、具备独特符号活动能力的动物。人作为符号动物，具备元符号行为的能力或解释符号的能力，不仅能思考人类符号，而且能思考地球上的其他符号。通过对符号的思考，人可以暂时停止某些行为，可以在深思熟虑后作出某种决定，因此能对自己负责，对他者负责。这种承担责任的能力，是人类独有的能力，体现了人类的力量。这种力量与人的意识、认知和道德意义上的意识，是联系在一起的。

第二，人类既然具备对符号进行思考的能力，就要对自己的符号和他者的符号负责，这便使人类产生了责任感。他者不只是有别于某人自身的他者，也包括地球上所有其他的生命。这意味着人的种属能力要为一切生命、为生物圈的一切符号行为负责。因此，我们要强调责任的力量，它的前提是：人有力量从事元符号行为，为生命负责非常重要。这样一来，符号学的范围就自然而然地延伸到符号伦理学了。

第三，地球符号学关注"他者"，主张倾听"他者"的声音，"对话性"便成为该学说的一个基本条件。与其说该学说倾向于整体性的研究，倒不如说它更倾向于地方性或特殊性的研究。符号活动的无穷无尽意味着这一过程的绝对他者性，是从整体而言难以控制的一种关系。

人与他者的关系很复杂。它涉及人与另一个自我、另一个社团成员的关系，以及人与他者（包括外来的他者、奇怪的他者、不同的他者、我们的自我虽然力图漠视却不得不正视的他者）的关系，即"陌生"的关系。

笔者认为，符号伦理学中的"他者"原则对翻译研究和实践非常有意义。译者自我是一个符号，作为生物符号圈网络上的一个点，与网络上的其他点即符号之间存在密切联系，译者无权忽略这一网络，有责任倾听除自我以外的网络上任何符号的声音。

就翻译实践而言，译者应认真仔细地倾听源语文本这一符号小世界本身以及相关的各种声音，研究其特征，辨别其意义，然后努力创造译语文本的符号小世界，尽可能使译语文本成为源语文本的象似符号。

就翻译批评而言，译者自我应该是个严谨的批评者，在选择解释体的符号行为中，译者应该明白：每一个解释体都是表现体与客体关系的他者，表现体与客体的关系可能指涉几个解释体（他者），被选中的解释体（他者）应该最贴近表现体与客体的关系；该解释体即译语文本体现译语表现体与客体的关系，译语文本读者对它的解读形成新解释体，即新的他者。译语文本读者和译者可能生成的新解释体，都是译者的他者，他者反应是译者在符号活动中不能忽视的重要因素。当然，他者反应还包括对译者和译文的批评。译者对它应有正确的态度。

就翻译研究而言，译者要关注除自我以外的他者世界。关注翻译研究的趋势、翻译理论和方法、翻译作品反映的社会动态等。尤为重要的是，译者不要排斥与自己不同的观点、意见和方法。他者的不同声音可以帮助译者摆脱对自我的盲目迷恋，从他者的角度重新审视自己，有助于译者清醒、全面地认识自我。

4 研究心得

彼得里利的研究成果还很多，限于篇幅，本文只陈述至此。在学习研究彼得里利的解释符号学翻译思想的过程中，笔者有以下心得：

其一，她的研究成果不仅加深了我们对解释符号学的理解，而且使我们对翻译和翻译研究方法有了新的认识。她继承了皮尔士的解释符号学思想，但不完全凭借逻辑推理和哲学思辨去发现新思想（新符号），而是学习吸收西比奥克在地球符号学中将生命科学与符号科学相结合的理论，解释翻译的交际特征，拓宽、加深自己的研究。这种研究方法值得我们借鉴。

其二，她严格区分皮尔士符号学与索绪尔符号学的做法是正确的。

长期以来，semiotics 和 semiology 两个词一直混用，直到 20 世纪 70 年代人们才认识到它们在方法论上的差异，将其区别开来。在一些欧洲国家，人们仍然使用 semiology 代表普遍符号学。国际符号学学会的英文名称是 International Association of Semiotic Studies，而法语名称是 Association Internationale de Sémiotique 就是一例。也许这也是哈蒂姆和梅森犯错误的原因。他们在 *Discourse and the Translator* 中这样介绍符号学（Hatim & Mason，2001：67）：

> Semiotics or semiology is the science which studies signs in their natural habitat — society. Envisaged by Saussure as part of social psychology, and identified by Peirce as having a distinctly "logical" bias, semiotics focuses on what constitutes signs, what regulates their interaction and what governs the ways they come into being or decay.

很明显，在第一句中，semiotics 和 semiology 互作替换词用。第二句介绍的不是两种符号学本质上的差异，主语 semiotics 既指皮尔士符号学，又指索绪尔符号学，混淆了两种符号学的概念。还有，在该书的词汇表中，"符号"的定义完全是索绪尔符号学给符号的定义（Hatim & Mason，2001：243）。

> Sign: A unit of signifier + signified, in which the linguistic form (signifier) stands for a concrete object or concept (signified).

此定义中的 object 不是皮尔士符号三角关系中的 object。

这说明他们没有分清两种符号学派的差别，自然就会误导读者。笔者不赞同彼得里利激进的，甚至有些偏激的态度，但笔者认为无论做符号学研究还是其他研究，不同学派的观点应该分清，术语的含义要明确，否则，容易出错，影响研究效果。

其三，她对译语文本和源语文本关系的看法比较保守。其实，由于社会符号网络错综复杂，社会需求和交际目的多种多样，译语文本的类型也会随之变化，和源语文本建立相关关系的译语文本并不少见，它们也并未失去翻译的价值。

其四，她对解释者的研究不够。这是笔者所阅读的许多符号学文献的普遍问题。笔者坚定地认为，在符号行为／活动（解释活动）中，起决定性作用的是解释者。在语际翻译活动中，译者是要素中的要素。没有译者，一切翻译活动不可能进行。皮尔士的观点"符号只有<u>将自己翻译</u>成另一个符号，一个更发达的符号时，才是符号"[1]是错误的。若改为"符号只有在自己<u>被翻译</u>成另一个符号，一个更发达的符号时，才是符号"就符合符号解释的现实了。

世界经济全球化和翻译研究国际化的进程大大提高了翻译的地位，也对我国的翻译研究提出了更高的要求。符号学用于我国其他学科的研究已取得瞩目的成就，在翻译学科研究中的应用却不尽如人意。笔者认为，符号学，尤其是解释符号学，对深化发展翻译研究有很大的理论和实践意义。因为，我们是符号，我们的世界是符号的世界，从事符号活动是我们的天性和世界对我们的要求。

参考文献

- BAKER M. Routledge encyclopedia of translation studies [Z].Shanghai: Shanghai Foreign Language Education Press, 2004.
- COBLEY P. The Routledge companion to semiotics and linguistics [Z].New York: Routledge, 2001.
- GORLÉE L D. Semiotics and the problem of translation with special reference to the semiotics of Charles S.Peirce [M].Amsterdam: Rodopi, 1994.

1　源语文本为"a sign is not a sign unless it translates itself into another sign in which it is more fully developed"（Gorlée，1994：153）。

- HATIM B, MASON I. Discourse and the translator [M].Shanghai: Shanghai Foreign Language Education Press, 2001.
- KAYE A S.Interview with Thomas A. Sebeok [J]. Semiotica: 2003（1）-（4）.
- MERRELL F. Charles Sanders Peirce's concept of the sign [Z]//COBLEY P. The Routledge companion to semiotics and linguistics. New York: Routledge, 2001: 28-39.
- PETRILLI S. Translation and semiosis: introduction[C]//PETRILLI S. Translation. New York: Rodopi, 2003a: 17-37.
- PETRILLI S.The intersemiotic character of translation[C]// PETRILLI S. Translation translation. Amsterdam: Rodopi, 2003b: 41-53.
- PETRILLI S. Sebeok's semiosic universe and global semiotics[M]//BRIER S. Cybernetics and human knowing. Vol.10, No.1 Thomas Sebeok and the biosemiotic legacy, 2003c: 61-79.
- PETRILLI S. The responsibility of power and the power of responsibility: from the "semiotic" to the "semioethic" animal[C/OL]// WITHALM G. WALLMANNSBERGER J.（eds.）Signs of power, power of signs: essays in honour of Jeff Bernard. Vienna: INST, 2004: 103-119.
- PETRILLI S.The semiotic machine, linguistic work and translation [M]// PETRILLI S.Sign studies and semioethics: communication, translation and values.Berlin: DE GRUYTER,2014:248-268.
- SEBEOK T A. Global semiotics[M].Bloomington: Indiana University Press, 2001.
- 怀特.双胞胎［J］.陈宏薇，译.中国翻译，2000（4）:71-73.

郑重声明

　　高等教育出版社依法对本书享有专有出版权。任何未经许可的复制、销售行为均违反《中华人民共和国著作权法》，其行为人将承担相应的民事责任和行政责任；构成犯罪的，将被依法追究刑事责任。为了维护市场秩序，保护读者的合法权益，避免读者误用盗版书造成不良后果，我社将配合行政执法部门和司法机关对违法犯罪的单位和个人进行严厉打击。社会各界人士如发现上述侵权行为，希望及时举报，我社将奖励举报有功人员。

反盗版举报电话
（010）58581999　58582371

反盗版举报邮箱
dd@hep.com.cn

通信地址
北京市西城区德外大街4号
高等教育出版社法律事务部

邮政编码
100120

防伪查询说明
用户购书后刮开封底防伪涂层，使用手机微信等软件扫描二维码，会跳转至防伪查询网页，获得所购图书详细信息。

防伪客服电话
（010）58582300

图书在版编目（CIP）数据

译学偶得：陈宏薇学术论文自选集 / 陈宏薇著. -- 北京：高等教育出版社，2023.12（2024.6重印）

（英华学者文库 / 罗选民主编）

ISBN 978-7-04-057648-1

Ⅰ.①译… Ⅱ.①陈… Ⅲ.①翻译-文集 Ⅳ. ①H059-53

中国版本图书馆CIP数据核字(2022)第021083号

YIXUE OUDE
——CHEN HONGWEI XUESHU LUNWEN ZIXUANJI

策划编辑	出版发行	高等教育出版社
肖 琼	社 址	北京市西城区德外大街4号
秦彬彬	邮政编码	100120
	购书热线	010-58581118
责任编辑	咨询电话	400-810-0598
秦彬彬	网 址	http://www.hep.edu.cn
		http://www.hep.com.cn
封面设计	网上订购	http://www.hepmall.com.cn
王凌波		http://www.hepmall.com
		http://www.hepmall.cn
版式设计		
王凌波	印 刷	北京盛通印刷股份有限公司
	开 本	787mm×1092mm 1/16
责任校对	印 张	11
艾 斌	字 数	150千字
	版 次	2023年12月第1版
责任印制	印 次	2024年6月第2次印刷
赵义民	定 价	70.00元

本书如有缺页、倒页、脱页等质量问题，请到所购图书销售部门联系调换

版权所有 侵权必究
物 料 号 57648-00